T0328880

THE CAMBRIDGE CONTACT READERS

General Editors: E. K. BENNETT, M.A. and G. F. TIMPSON, M.A.

Series II

BIOGRAPHIES OF THE GREAT GERMANS

BISMARCK
EIN LEBENSBILD

BY THE BARONESS SEYDEWITZ

WITH EIGHT ILLUSTRATIONS BY M. D. SWALES

CAMBRIDGE
AT THE UNIVERSITY PRESS
1937

CAMBRIDGE
UNIVERSITY PRESS

University Printing House, Cambridge CB2 8BS, United Kingdom

Cambridge University Press is part of the University of Cambridge.

It furthers the University's mission by disseminating knowledge in the pursuit of education, learning and research at the highest international levels of excellence.

www.cambridge.org
Information on this title: www.cambridge.org/9781107494527

© Cambridge University Press 1937

First published 1937
Re-issued 2015

A catalogue record for this publication is available from the British Library

ISBN 978-1-107-49452-7 Paperback

INTRODUCTION

Most of us think of Bismarck only as the Iron Chancellor, who forged the separate states of Germany into a Federal Empire through "blood and iron".

In this volume the Baroness Seydewitz has given us an engaging picture of Bismarck as child, youth and man, a picture which shows how gradual was the development which led up to his historic acts.

Miss Swales has caught the spirit of the man at each stage of his life, and her illustrations are almost a synopsis of the story.

G. F. TIMPSON

MAIDENHILL HOUSE,
STONEHOUSE, GLOS.
7 *October* 1936

DEM ANDENKEN

MEINES VATERS

Inhaltsverzeichnis

I. Der kleine Junker (1815–1832)

Für den kleinen Junker Otto gab es kein schöneres Stück Erde, als das Gut Kniephof in Pommern, keinen lieberen Menschen, als seinen Vater, der dieses Gut selber verwaltete. Nie wurde der Junge müde, von seinen Vorfahren väterlicherseits zu hören — von all den tapferen Rittern, Soldaten und Guts= besitzern, deren Stammbaum bis in die Zeit Karls des Großen zurückführt, die von Zeit zu Zeit in die Geschichte auftauchen und die in der Mark Brandenburg auf ihren Gütern saßen, zwei Jahrhunderte ehe die Hohenzollern dorthin kamen. Als aber die Hohenzollern Markgrafen und Kurfürsten von Brandenburg und später Könige von Preußen wurden, hatten sie keine treueren Diener unter den Adligen des Landes, als die stolzen, kraftvollen Bismarcks.

Das war es, was der Gutsherr Karl Ferdinand v. Bismarck seinem jüngeren Sohne Otto immer und immer wieder er= zählte, wenn er ihm die Ahnenbilder zeigte und ihm aus dem Leben jener kräftigen, heldenhaften Männer berichtete. Nie hat der Sohn vergessen, wie der Vater zu ihm sagte:

„Vergiß nicht, daß du ein Bismarck bist! Werde ein treuer Diener deines Königs!"

Drei Kinder von Karl Ferdinand und Wilhelmine v. Bis= marck waren klein gestorben. Jetzt hatten sie nur zwei Söhne, die zeitlebens gute Kameraden blieben: Bernhard und der fünf Jahre jüngere Otto, der am 1. April 1815 auf dem Stamm= sitz Schönhausen geboren wurde, dessen Kindheitsparadies aber Kniephof war, wohin seine Eltern 1816 übersiedelten. Otto war seines Vaters Liebling, war ihm in Charakter und

Neigungen ähnlich und hing in großer Liebe an ihm. Mit
der Mutter stand er nicht so herzlich. Sie kam aus einer geistig
hochstehenden, akademisch gebildeten, bürgerlichen Familie.
Sie war die schöne, sehr intelligente und fein gebildete Tochter
eines hohen preußischen Staatsbeamten. Sie war kalt, ehrgeizig und herrschsüchtig. Für die ländlichen Interessen und
den Familienstolz ihres Mannes hatte sie kein Verständnis.
Sie verachtete seine gerade, oft derbe Art und seine Freude
an Essen und Trinken. Sie liebte das Stadtleben und fühlte
sich nur wohl in eleganter und geistreicher Gesellschaft. Von
ihr und ihrer Familie hatte ihr Jüngster seine große Intelligenz, seine gesellschaftlichen Gaben und seine Sprachgewandtheit geerbt. Sie sorgte dafür, daß er, neben dem Platt-
deutsch seiner Heimat, gleich Hochdeutsch und Französisch
sprechen lernte. Er trug noch nicht die ersten Höschen, als
seine Eltern eines Tages eine Gesellschaft gaben und der
Kleine unbemerkt hineinschlich und sich an eine Ecke des Tafels
setzte, wo einige Herren sich auf Französisch über seine Gegen-
wart wunderten. Der Eine bemerkte:

"C'est peut-être un fils de la maison—ou une fille."

Zu ihrem Erstaunen sagte der Knirps sofort, in fließendem,
tadellosem Französisch:

"C'est un fils, monsieur."

Er war schon größer — sechs Jahre alt — als seine Mutter
sich von einem Magnetiseur behandeln ließ, der ihr den Tod
des großen Napoleon berichtete und ihr Manzonis Gedicht
Egli fù vordeklamierte. Auf diese Weise hörte Otto von dem
Titanen, dessen Flucht von Elba ganz Europa in Atem gehalten hatte, als er, der kleine Junker, das Licht der Welt
erblickte. Nie vergaß Otto diesen Eindruck, dieses packende
Egli fù, wenn er damals auch sonst nicht viel von den italien-

ischen Versen verstand. Seine Sprachkenntnisse, vor allem
sein vollendetes Französisch und Englisch, sollten ihm aber
später vom größten Nutzen sein.

Wie sein Vater, wäre Otto mit dem Leben und Wirken
eines preußischen Junkers auf eignem Grund und Boden
zufrieden gewesen. Aber seine Mutter, erfreut über diesen
klugen, lebhaften Sohn, der nie um eine Antwort verlegen
war und sich immer zu helfen wußte, wollte durchaus einen
Diplomaten aus ihm machen. Sie setzte es durch, daß er
schon mit sechs Jahren aus der ländlichen Umgebung Kniep=
hofs gerissen wurde und nach Berlin in eine strenge Erzie=
hungsanstalt kam. Mit seinem Vater machte er die damals
mehrtägige Reise in Schlitten, Kahn und Postkutsche. Die
Wunder der Großstadt ließen ihn kalt, aber er begrüßte jubelnd
die Löcher und Pfützen im Straßenpflaster und vor allem eine
Herde Kühe, die gleichzeitig mit dem frischen, rotbäckigen
kleinen Junker die breite Prachtstraße Berlins, Unter den
Linden, dahinzog.

Im „Zuchthaus", wie die Schüler scherzend die Anstalt
nannten, war Otto, wie er später selber berichtete, kein
Musterknabe, sondern „ein Junge, wie alle Jungen". Freund=
lich und fröhlich und nie mundfaul, war er bald beliebt unter
den Kameraden, die ihn anfänglich spottweise „Junker" oder
„Von Bismarck" nannten, bis er sie durch seine scharfen,
witzigen Entgegnungen und seine kräftigen Bubenfäuste zum
Schweigen brachte. Kein schwächlicher oder verzärtelter Junge
hätte die spartanische Lebensweise in der nach den Grund=
sätzen vom Pädagogen Pestalozzi und vom „Turnvater" Jahn
geleiteten Anstalt ausgehalten. Einen Bismarck konnte sie nur
kräftigen und stählen. Die Zöglinge schliefen auf harten
Matratzen, gingen früh mit Seife und Handtuch an die Pumpe

im Hofe und hatten dann guten Appetit zum Frühstück, das
aus Milch und trocknem Brot bestand. Zum zweiten Frühstück und zum Vesper gab es Brot mit Salz, zum Mittagessen
zähes Fleisch und Gemüse, meistens Mohrrüben mit Kartoffel-
stücken zusammengekocht. Körperliche Übungen jeder Art
spielten eine große Rolle im Lehrplan. Der kleine Junker aus
Kniephof war immer gern dabei, wenn es Turnen, Laufen,
Klettern, Springen, Fechten oder Schwimmen gab. Im
Sommer genoß er das gemeinsame Wandern, im Winter den
Eislauf. Aber die Sehnsucht nach der Heimat und dem unge-
bundenen Landleben verließ ihn nie, besonders nach der
Geburt, im Jahre 1827, seiner Schwester Malwine, die ihm
immer nahestand. Jedesmal, wenn er an Kniephof dachte,
drückten ihn das Eingeschlossensein in einem Stadtgebäude
und die Zucht und regelmäßige Zeiteinteilung, denen er sich
nur schwer fügte.

Nach sechs Jahren in dieser Anstalt kam Otto auf das
Gymnasium, das Bernhard schon besuchte. Im Sommer-
halbjahr wohnten die Brüder bei einem Lehrer, im Winter-
halbjahr bei den Eltern, die dann nach Berlin kamen, um
alle drei Kinder bei sich zu haben. Nach abermals drei Jahren
kam Otto allein auf ein anderes Berliner Gymnasium, wo er
zwei Jahre blieb. Überall fanden ihn die Lehrer begabt,
wißbegierig und von Durchschnittsfleiß. Zu Ostern 1832
schloß er seine Schuljahre mit dem Abiturientenexamen ab,
das ihn zum Besuch einer Universität berechtigte. Das Jahr
zuvor war er eingesegnet worden vom berühmten Pfarrer
und Philosophen Schleiermacher, der ihm als Konfirmations-
spruch die Worte des Apostels Paulus mit auf den Lebensweg
gab: „Alles, was ihr tut, das tut von Herzen, als dem Herrn
und nicht den Menschen." Ein halbes Jahrhundert später

konnte der große Bismarck bezeugen, wie tief ihn diese Feier bewegt habe und hinzufügen:

„Der Spruch soll mein Leitstern bleiben."

II. Der tolle Bismarck (1832–1839)

Über den Marktplatz der altertümlichen kleinen Universitäts= stadt Göttingen kam eine sonderbare Gestalt geschritten, ein neuer Student, der große Heiterkeit erregte. Er war ein langer, dünner Kerl, mit aristokratisch kleinen Händen und Füßen, letztere in Kanonenstiefeln. Er rauchte eine lange Pfeife und trug einen Zylinder, unter dem struppiges rotblondes Haar in sein sommersprossiges Gesicht fiel. Die klugen Augen schienen nichts zu sehen, als das Straßenpflaster. Höchstens, daß er dann und wann einen mürrischen Blick auf seinen stummen Begleiter warf, eine große gelbe Dogge, die auf den Namen Ariel hörte. Das Allermerkwürdigste an dieser merk= würdigen Erscheinung war aber der aus Dutzenden von ver= schiedenen Lappen geschneiderte Schlafrock, der absolut nicht zu der sonst eleganten Kleidung als Straßenanzug paßte.

War es ein Wunder, daß die vier Mitglieder des Korps Hannovera, an denen der lange Kerl vorüberschritt, in helles Gelächter ausbrachen und daß eine schmucke junge Dame, die von ihren Morgeneinkäufen heimkehrte, belustigt den Schritt hemmte? Der Lange war aber schlecht gelaunt — er hatte soeben eine Geldstrafe von fünf Talern vom Universitäts= richter erhalten, weil er, bei einem Frühstück mit anderen übermütigen Freunden, das Tintenkerzertum verflucht und ein schweres Tintenfaß zum Fenster hinausgeworfen hatte.

„Dumme Jungen!" waren die Worte, die er den Lachenden an den Kopf schleuderte.

SWALES.

Ariel knurrte und ließ sich ungern von seinem Herrn zur Ruhe zwingen. Der aber hatte gleich vier Mensuren am Halse, die jedoch nie ausgefochten wurden, weil die Beleidigten den schneidigen, unerschrockenen Kerl als Mitglied für ihr Korps gewannen und sich mit einer Entschuldigung begnügten. Sie waren nicht wenig stolz auf diesen Korpsbruder, den ganz Göttingen bald als den „tollen Bismarck" kannte. Es dauerte nicht lange, bis ein zweiter, ebenso treffender Beiname dazu= kam: „Achilleus der Unverwundbare". Denn der tolle Bismarck, der schon als kleiner Junge sich aufs Fechten ver= standen hatte, wurde oft gefordert. Man erzählt von achtund= zwanzig Mensuren, in denen er nur einen einzigen, allerdings gewaltigen Hieb bekam, der von der Nasenspitze bis zum Unterkiefer ging, aber nicht zählte, weil die Klinge seines Gegners unversehens abgebrochen und dem anderen ins Gesicht gesprungen war.

Ein Menschenalter später trafen sich die Beiden wieder. Reichskanzler Bismarck zeigte auf die noch immer sichtbare Narbe und fragte lakonisch:

„Sind Sie der?"

„Ja, der bin ich, Exzellenz", war die ebenso lakonische Antwort.

Dieser seltsame Landjunker Otto v. Bismarck schwänzte ständig das Kolleg. Er las aber verstohlen für sich und eignete sich manche Kenntnisse an, während er nach außen hin nur faulenzte, focht, mit den Korpsbrüdern feierte, Schulden machte und einen dummen Streich nach dem andern aussann oder mitmachte. Als echter Bismarck und Sohn seines Vaters war er ein starker Esser und äußerst trinkfest, auch zu Zeiten, wo ein Anderer an Appetitlosigkeit gelitten hätte. Einmal, als er das kalte Fieber hatte, verschrieb ihm der Arzt Chinin und war mit der Wirkung desselben sehr zufrieden, denn tags darauf fand er seinen Patienten wieder gesund. Der tolle Bismarck aber gestand, daß er, statt des Chinins, von einer Sendung aus Kniephof zwei Pfund Wurst geschluckt, dazu mehrere Maß Bier getrunken und dann einen Spaziergang gemacht habe, weil er in Zimmerluft nie hätte genesen können.

Daß unter diesem verrückten Äußern eine gediegene Persönlichkeit stecken könne, ahnten nur ein paar wirklich Nahestehende, unter ihnen sein Schulkamerad Moritz v. Blanckenburg und Albrecht v. Roon. Einem dieser intimen Freunde schrieb Otto v. Bismarck um diese Zeit mit wahrer Selbsterkenntnis: „Ich werde entweder der größte Lump oder der erste Mann Preußens."

Zunächst freilich schien es, als sei dieser Göttinger Student nur ein amüsanter und leutseliger Lump. Seine Eltern waren bitter enttäuscht über die Art, wie er, nach all den strengen Schuljahren, die akademische Freiheit mißbrauchte. Sein Vater weigerte sich, die Schulden seines Sohnes zu bezahlen, obgleich er es später doch tat. Die Mutter war außer sich. Hatte man Otto so sorgsam erziehen lassen, ihn zum Jurastudium nach Göttingen geschickt, so große Hoffnungen auf ihn gesetzt, nur damit er nach drei Semestern krank und verloddert heimkehrte, ein Tunichtgut erster Güte? Es war aber doch ein guter Kern in ihm. Er ging in sich, versprach Besserung und ging zum Weiterstudium nach Berlin. Dort holte er das Versäumte nach und arbeitete allen Ernstes auf sein erstes juristisches Examen, das er auch nach drei Semestern, also Ostern 1835, glücklich bestand. Nun war er also Referendar. Er hatte mittlerweile Berlin so gründlich kennen gelernt, daß er behauptete, Droschkenkutscher werden zu können, was ihm vielleicht mehr zugesagt hätte, als der Staatsdienst, in den er jetzt trat.

Zunächst kam der zwanzigjährige Referendar zur praktischen Ausbildung an die Berliner Gerichte. Aber von der Zurückhaltung des Lernenden und der schuldigen Achtung gegen Vorgesetzte war in seinem Auftreten keine Spur. Als ihm einmal ein angeklagter Berliner zu redselig und unverschämt erschien, herrschte er ihn so an:

„Herr, mäßigen Sie sich, oder ich werfe Sie hinaus!"

Der anwesende Gerichtsrat bemerkte dazu trocken, daß das Hinauswerfen seine Sache sei, nicht die des jungen Referendars. Ein paar Minuten später unterbrach Bismarck abermals den Angeklagten, indem er ihm zubrüllte:

„Herr, mäßigen Sie sich, oder ich lasse Sie durch den Herrn Gerichtsrat hinauswerfen!"

So etwas war in der preußischen Bürokratie einfach unerhört. Aber der intelligente und aufnahmefähige Bismarck arbeitete nicht schlecht, und im Sommer 1836 bestand er sein zweites juristisches Examen.

Nun kam er nach Aachen, wo seine Eltern wertvolle Beziehungen hatten und er gute Aussichten hatte, rasch vorwärts zu kommen. Er verscherzte sich jedoch alles durch seine Arroganz und seine offen bekundete Verachtung für jede Form der juristischen Ameisenarbeit, die ihm — wie früher in Göttingen die gewissenhafte schriftliche Arbeit — nichts weiter als Tintenkleckserei und eines Edelmannes unwürdig erschien. Ja, wenn er hätte befehlen können! Aber gehorchen war nicht seine Sache. Solche Worte zeigten deutlich seine Einstellung zum Dienst: „Ich will Musik machen, wie ich sie für gut erkenne, oder gar keine." So vernachlässigte er die Arbeit für Geselligkeit und Vergnügen und war bald ein gerngesehener

Kavalier in der internationalen Badegesellschaft Aachens, wo ihm sein vorzügliches Englisch und Französisch gut zustatten kam. Wie schon in Göttingen, so jetzt wieder in Aachen, machte er eine Zeit des Sturmes und Dranges durch, schwankte hin und her und machte seinen Eltern viel Kummer und Sorge.

Nach wiederholtem Urlaub und allerhand Besuchsreisen kehrte er, mit Beurlaubung auf unbestimmte Zeit, im November 1837 nach Kniephof zurück. Im folgenden März trat er sein militärisches Dienstjahr an. Später sah er ein, wie heilsam ihm die neue Lebensweise war. „Es hat mir sehr gut getan, auf das Wohlleben, in dem ich mich befand, zu verzichten, den Tornister auf den Rücken, die Muskete auf die Schulter zu nehmen und mitunter auf Stroh schlafen zu müssen."

Es war gut, daß der tolle Bismarck das Leben wieder von der ernsten Seite nahm, denn die Möglichkeit des zügellosen Genießens, der bewußten Pflichtvergessenheit näherte sich ohnehin ihrem Ende. Die stolze, kluge, zielbewußte Wilhelmine v. Bismarck, deren Willen sich Mann und Kinder so lange hatten fügen müssen, war seit Jahren krank, viel kränker, als es ihre Angehörigen ahnten. Neujahr 1839 erlag sie ihrem schmerzhaften Krebsleiden. Der Witwer besprach mit seinen Söhnen — dem soliden, verheirateten Bernhard und dem hochbegabten, aber bisher wenig erfreulichen Otto — wie nun alles weitergehen sollte. Sie einigten sich dahin, daß der Vater mit der zwölfjährigen Malwine auf Schönhausen bleiben sollte, während Bernhard zwei der pommerschen Güter übernahm und Otto, der jetzt endgültig aus dem Staatsdienst trat, Besitzer von seinem Kindheitsparadies Kniephof wurde.

Mit vierundzwanzig Jahren konnte er endlich seinem Herzen

folgen und als echter preußischer Landjunker auf eignem
Grund und Boden nützlich wirken und unumschränkt herrschen.

III. Der Landjunker (1839–1847)

Es war keine leichte Aufgabe, die den beiden Brüdern winkte.
Karl Ferdinand v. Bismarck war trotz seiner Liebe zum Land=
leben und seiner vielen liebenswerten Eigenschaften kein
tüchtiger Landwirt, noch weniger ein guter Geschäftsmann.
Ein starker Esser und Trinker und eine sehr gesellige und gast=
liche Natur, hatte er immer Geld und Zeit zum Vergnügen.
Die Reisen und langen Aufenthalte in Berlin hatten viel
gekostet, ebenfalls die Erziehung der Kinder. Die Verschie=
denheit der Gatten hatte ungünstig auf die Gutsarbeit einge=
wirkt. Für Karl Ferdinand v. Bismarck waren alte Verfahren,
alte Geräte, alte Ideen gut genug, während die modern und
fortschrittlich eingestellte Wilhelmine v. Bismarck auf die
Anschaffung neuer landwirtschaftlicher Geräte bestand. So
waren die pommerschen Güter stark vernachläßigt, verschuldet
und heruntergekommen, als die beiden Brüder sie übernah=
men. Es war sehr die Frage, ob sie sie würden halten können.
Der neue Gutsherr von Kniephof versuchte gleich, sich durch
Bücher, Kurse und eingehendes Studium die ihm fehlenden
landwirtschaftlichen Kenntnisse anzueignen. Lebhaft bedauerte
er, daß der Ehrgeiz seiner Mutter ihn so früh der heimischen
Scholle entfremdet hatte. Nun galt es, das Versäumte nach
Kräften nachzuholen. Er arbeitete angestrengt mit seinen
Leuten, führte selber die Gutsrechnungen, machte sich ver=
traut mit jedem Eckchen seines ausgedehnten, aus Äckern,
Wiesen, Wald und Wasser bestehenden Besitzes. Den Guts=
leuten war er ein zwar autokratischer, aber gütiger und für

forglicher Herr, dem sie gern halfen, das verlodderte Gut lang=
sam in die Höhe zu bringen.

Die Standesgenossen auf den benachbarten Gütern, deren
Horizont meistens nicht über die engere Heimat reichte, kamen
ihm, als einem Bismarck, herzlich entgegen. Sie ahnten nicht,
wie hausbacken und langweilig er sie fand. Bald aber merkten
sie, daß dem fleißigen und tüchtigen Landwirt die Wildheit
des „tollen Bismarck" noch im Nacken saß. Er lud gleichgesinnte
Freunde auf Kniephof ein, mit denen er wilde Zechgelage
und tolle Ritte unternahm. Er bewirtete sie mit einem
Gemisch von Bier und Sekt. Den Trinkfestesten konnte er
unter den Tisch trinken. Als Ehrengast bei einem Offiziers=
essen wurde er einmal aufgefordert, als Erster aus einem
Liebesbecher zu trinken, der eine ganze Flasche Wein enthielt.
Zum Erstaunen aller leerte er den Becher auf einen einzigen
Zug.

Kaum einer wußte aber, daß der wilde Bismarck sich auf
diese Weise über seine Einsamkeit und innere Unzufriedenheit
hinwegzutäuschen suchte. Man wußte auch nicht, daß er,
sobald er allein war, über den Büchern saß, nicht nur land=
wirtschaftlichen und chemischen, sondern auch Werken der
Geschichte, Philosophie und Weltliteratur. Unter den Dich=
tern war es zu dieser Zeit der wilde und schwermütige Byron,
der ihn besonders anzog. Gleich dem großen Engländer suchte
auch er, sowie es auf dem Gute besser ging, sich durch Reisen zu
zerstreuen und seinen Horizont zu erweitern. Aus Paris
kehrte er mit dem Barte heim, den er fast ein Jahrzehnt trug.
Auf einer Reise nach England landete er an einem Sonntage
in Hull und ging vergnügt pfeifend seines Weges. Er traf
einen Bekannten von der Überfahrt, der ihn bat, das Pfeifen
zu unterlassen, weil das gegen die englische Sonntagsheiligung

verstoße. Bismarck hörte auf zu pfeifen — und verließ ärgerlich die Stadt, um sofort weiterzureisen. Seinem Vater erzählte er von den herrlichen englischen Braten, von denen man so viel essen könnte, wie man wollte, ohne mehr dafür zu bezahlen. Mit seinem Schulfreunde Oskar v. Arnim plante er 1844 eine Reise nach Ägypten und Indien, die aber nicht zustande kam, weil sich der Freund mit Malwine v. Bismarck verlobte und Otto bei der Hochzeit der einzigen Schwester nicht fehlen durfte.

Als Gutsherr von Kniephof wandte sich Otto v. Bismarck wieder dem Soldatenleben zu. Er trat in ein Ulanenregiment der Landwehr ein, deren Übungen er gern mitmachte. Nach heißem Dienst lehnte er einmal mit einigen Kameraden auf einer über einen tiefen See führenden Brücke und sah zu, wie sein Pferd von seinem Kniephofer Reitknecht zur Tränke geritten wurde. Plötzlich glitt das Tier am schlüpfrigen Ufer aus, rollte ins Wasser und kämpfte sich schwimmend vom Reitknecht frei, der gleich versank. Blitzschnell warf Bismarck Helm, Säbel, Rock und Stiefel ab, sprang über das Brücken= geländer ins Wasser und rettete bei Lebensgefahr den Ertrin= kenden. Für diese Tat bekam er seine erste Auszeichnung — die Rettungsmedaille. Er trug sie bei irgendeiner festlichen Gelegenheit, als ein mit vielen Orden ausgezeichneter Herr ihn hochnäsig nach ihrer Bedeutung frug, worauf Bismarck lässig und achselzuckend erwiderte:

„Ich habe eben die Gewohnheit, hin und wieder ein Men= schenleben zu retten."

So kam das Jahr 1845 heran, das ein bedeutsamer Meilen= stein auf Otto v. Bismarcks Lebensweg werden sollte. Sein Vater starb, und mit Bernhards Zustimmung entschloß sich Otto, Kniephof zu verpachten und auf das Stammgut Schön=

haufen überzufiedeln. Die Kniephofer waren tieftraurig, und
ihrem jetzt dreißigjährigen Herrn, der in fechs Jahren fchwerer
Arbeit das Gut wieder hochgebracht hatte, war das Herz
unendlich fchwer beim Abfchied von feinem Kindheitsparadies.
Dennoch trieb es ihn mächtig fort aus den engen pommerfchen
Verhältniffen und in eine Umgebung wo er, der großen Welt
näher, Gelegenheit finden würde, fich öffentlich zu betätigen.
Es befriedigte ihn nicht mehr, Alleinherrfcher auf der eignen
Scholle zu fein.

Als Herr von Schönhaufen wurde Bismarck Mitglied ge=
meinnütziger Vereine und übernahm verfchiedene Ehrenämter.
Er wurde zum Deichhauptmann gewählt. Als folcher mußte
er die breite gewaltige Elbe fcharf beobachten, um das Land
vor Überfchwemmung zu fchützen; er mußte Sorge tragen,
daß die Wächter auf dem Poften feien und daß kein Riß im
Schutzdamm entftehe. Wenn an gefahrvollen Tagen oder
in wilden Nächten der junge Deichhauptmann überall nach
dem Rechten fah, hörte er mitunter Gutsleute und Bauern
fagen:

„Unfer Bismarck ift doch ftärker, als die alte Elbe. Der
zwingt fie."

Auch politifch konnte fich Bismarck in diefen Jahren be=
tätigen. Er faß 1846 im Sächfifchen Landtag. Das Jahr drauf
war er Abgeordneter des Vereinigten Landtags, den Friedrich
Wilhelm IV., König von Preußen, einberufen hatte. Diefer
Landtag tagte zwar nur fieben Wochen, aber in ihm hielt der
angehende Staatsmann feine erfte Parlamentsrede.

Während fich alfo auf Schönhaufen fein Leben nach mancher
Richtung hin erweiterte, blieb Bismarck noch in Fühlung mit
einem pietiftifch eingeftellten Kreife feiner ehemaligen Guts=
nachbarn. Diefe adligen Pietiften übten durch ihre echte und

tiefe Frömmigkeit einen großen Einfluß auf den rastlos
Tätigen aber innerlich Einsamen und Suchenden aus. Sein
Schulfreund Moritz v. Blanckenburg heiratete die Tochter
eines pietistischen Standesgenossen, und das junge Ehepaar
setzte alles daran, den wilden Junker zu bekehren. Er, dessen
Vater in Religionssachen gleichgültig, dessen Mutter Freigeist
gewesen, der selber mit sechzehn Jahren aufgehört hatte, zu
beten und zu glauben, war schwer zu überzeugen. Durch
Moritz und Marie v. Blanckenburg lernte er die junge pom-
mersche Pietistentochter Johanna v. Puttkamer kennen. Mit
diesen drei jungen Menschen machte er im Sommer 1846 eine
Harzreise, auf der er und Johanna sich näher kamen. Im
Herbst starb Marie v. Blanckenburg. Otto v. Bismarck war
tief erschüttert. Er konnte seinem Freunde Moritz sagen:
„Jetzt glaube ich an eine Ewigkeit."

Mit dem wiedergewonnenen Glauben kam der Entschluß,
die kluge, warmherzige, echt weibliche Johanna zu heiraten.
Sie war neun Jahre jünger als er und bereit, sich ihm anzu-
passen, seine Interessen zu teilen, ihm ihr ganzes Leben zu
weihen. Ohne direkt schön zu sein, war sie mit ihren dunklen
Haaren, ihren grauen Augen und ihrer vornehmen Erscheinung
sehr anziehend. Wenige Wochen nach dem Tode ihrer ge-
meinsamen Freundin Marie waren sich Otto und Johanna
einig. Aber Johannas Eltern trauten dem wilden Junker
nicht so recht und wollten ihn nicht ohne weiteres als Schwie-
gersohn willkommen heißen. Zunächst wurde er im Januar
1847 zu weiteren Besprechungen auf das Puttkamersche Gut
eingeladen. Gleich bei der Ankunft umarmte er Johanna vor
allen Anwesenden und begrüßte sie als seine Braut, ein echt
Bismarcksches Verfahren, das auch den erwünschten Erfolg
hatte. Die Brautzeit dauerte nur ein halbes Jahr. Dann

führte Otto v. Bismarck die Braut heim, die fast ein halbes
Jahrhundert als sein guter Engel ihm zur Seite stehen sollte.

Aus dem tollen Bismarck und dem wilden Junker war nun
ein fester, zielbewußter Mann geworden, in dem sich schon
die Grundzüge des späteren „Eisernen Bismarck" erkennen
ließen. Der edle Wein war ausgegoren.

IV. Der Diplomat (1848–1862)

Der Freiheitshauch, der im Revolutionsjahr 1848 durch Europa
fegte, brachte manchen Thron ins Wanken oder stürzte ihn gar
um. Der schwache, wankelmütige, unberechenbare Preußen=
könig Friedrich Wilhelm IV. sah seine Herrschaft bedroht. Er
rettete sie dadurch, daß er Preußen eine Verfassung und ein
Parlament gab. Als ihm aber die demokratische Deutsche
Nationalversammlung in Frankfurt am Main 1849 die Kaiser=
krone anbot, schlug er sie ab. Einerseits wollte er Österreich
nicht vor den Kopf stoßen. Andererseits wollte er die Kaiser=
krone und damit die führende Stellung Preußens unter den
Staaten Deutschlands nicht dem Volke, sondern den ihm eben=
bürtigen Fürsten verdanken. So wie er dachten auch viele
seiner Untertanen, deren Ideal ein einiges Deutschland unter
der Führung eines starken Preußens war.

Zu diesen gehörte der konservative und königstreue Land=
junker Otto v. Bismarck, der am Anfang seiner politischen
Laufbahn stand. Nachdem er als junger Ehemann den Winter
über still und glücklich auf Schönhausen gelebt hatte, trat er
1848 stark und kampfbereit in die Öffentlichkeit. Er kam in
persönliche Beziehungen zum preußischen Königshause und
lernte nicht nur das kinderlose Königspaar kennen, sondern
auch den jüngeren Bruder des Königs: Wilhelm, Prinz von

Preußen, der als Thronerbe die Zeitereignisse gespannt verfolgte. Die militärische Größe Preußens schien dem Prinzen die einzige Rettung aus den Wirren der Revolutionsjahre. Gleich bei der ersten Begegnung verstanden und achteten sich diese zwei so verschiedenen Männer, der schlichte, ehrenfeste, zuverlässige Soldatenprinz und der Heißsporn, dessen Intelligenz und Persönlichkeit ebensosehr über den Durchschnitt hervorragten, wie seine hünenhafte Gestalt. Beide waren beseelt von einer glühenden Liebe zu Preußen, der Bismarck in den Worten Ausdruck gab: „Preußen ist mein Vaterhaus."

Nun war für Otto v. Bismarck die Stille des Landlebens vorbei. Der Deichhauptmann hatte mehr, als einen reißenden Strom, zu zwingen und zu bändigen. Nur in kurzen Ruhepausen konnte er ungestört das Familienleben genießen, obgleich er in tiefer Liebe an seiner Frau und seinen drei Kindern hing: Marie (geboren 1848), Herbert (geboren 1849), Wilhelm (geboren 1852). Überall war er zu finden, wo er meinte, seinem König und seinem preußischen Vaterlande am besten dienen zu können. Friedrich Wilhelm IV. wollte ihn als preußischen Bevollmächtigten zum Bundestag nach Frankfurt am Main schicken. Er nahm sofort die Stellung an, worauf der König erstaunt bemerkte:

„Sie haben viel Mut, daß Sie so ohne weiteres ein Ihnen fremdes Amt übernehmen."

„Der Mut ist ganz auf seiten Eurer Majestät," war Bismarcks ironische Antwort. „Ich habe den Mut zu gehorchen, wenn Eure Majestät ihn haben zu befehlen."

Von 1851 bis 1857 war Bismarck im Bundestag zu Frankfurt am Main. Zuerst war er allein dort, ohne seine Familie. Er wohnte bei einem preußenfeindlichen Bankier, der sehr wenig zuvorkommend war und ihm z.B. keine Zimmerglocke geben wollte. Diese könne er sich ja selber beschaffen, sagte der Mann grob. Ein paar Tage später erklangen Pistolenschüsse. Erschreckt lief der Bankier in alle Zimmer, bis er seinen Mieter Bismarck am Schreibtisch sitzend fand, auf dem eine rauchende Pistole lag.

„Was ist nur geschehen?“ rief der Hausherr.

„Nichts,“ war die ruhige Antwort. „Ich habe nur meinem Diener ein Zeichen gegeben, daß er kommen solle. Sie werden sich hoffentlich bald an dieses Signal gewöhnen.“

Noch am selben Tage bekam Bismarck die erbetene Zimmerglocke.

Als er seinen Antrittsbesuch beim österreichischen Grafen Thun, dem Vorsitzenden des Bundestages, machte, empfing ihn dieser schlaue Diplomat, der gern den Gutmütig-kordialen spielte, in Hemdsärmeln am Schreibtisch sitzend. Bismarck, der sich seiner Würde als Bevollmächtigter Preußens voll bewußt war, bemerkte auf der Schwelle, indem er den eignen Rock aufknöpfte:

„Sie haben recht, es ist in Ihrem Zimmer sehr heiß.“

Sofort stand Graf Thun auf, zog seinen Rock an und entschuldigte sich.

Auch bei einer Kommissionssitzung, wo nur der Vorsitzende, Graf Thun, rauchte, behauptete Bismarck die Würde seiner Großmacht Preußen durch Rauchen einer Zigarre. Nach einem halben Jahre sah man bei den Sitzungen dieser Kommission nur einen einzigen Bevollmächtigten eines deutschen Staates ohne Zigarre — und der konnte das Rauchen nicht vertragen.

In Frankfurt lernte Bismarck die Kunst, „mit Worten garnichts zu sagen“, wie er an seine Frau schrieb. „Wenn Manteuffel“ — der preußische Ministerpräsident und Bis-

marcks Vorgesetzter — „nachdem er meine Briefe gelesen hat,
sagen kann, was darin steht, so kann er mehr wie ich."

Bismarck warnte seine Frau, nichts zu schreiben, was die
Neugierigen und Spione bei der Post nicht lesen könnten.
Seinen Kollegen blieb es lange ein Rätsel, wie seine eignen
Briefe, die persönlichen, wie die diplomatischen, ungeöffnet
und ungelesen in die richtigen Hände gelangten. Eines Tages
befragte ihn der Abgeordnete aus Hannover hierüber. Bis=
marck, nicht sehr elegant gekleidet, führte ihn in eine ärmliche
Gegend Frankfurts, zog ein paar alte Handschuhe an und ging
in einen Kramladen, wo Wurstwaren, Eier, Butter, Käse,
Heringe, allerhand Haushaltsgegenstände, aber auch Seife,
Tinte und billige Schreibsachen verkauft wurden. Bismarck
ließ sich Seife zeigen, nahm verschiedene Sorten in die Hand,
roch daran und wählte schließlich ein Stück, das sehr stark
duftete. Dann verlangte er Briefumschläge. Es wurden ihm
sehr gewöhnliche vorgelegt, die er kaufte. Darauf bat er um
Feder und Tinte, zog einen Brief aus der Tasche, steckte ihn
in einen der Umschläge, verschloß ihn und versuchte, in Hand=
schuhen die Anschrift zu schreiben, was natürlich schlecht ging.
Er bat also den Verkäufer, nach seinem Diktat die Anschrift zu
schreiben, dankte, zahlte und verließ den Laden. Daß der
Brief im groben Umschlag, der nach Seife, Heringen, Talg=
lichtern und so manchem andern roch, alles andere, als eine
wichtige diplomatische Mitteilung zu sein schien und ohne
weiteres von der Post befördert würde, lag auf der Hand.

Bald wurde Schönhausen verpachtet und in Frankfurt ein
eignes Heim eingerichtet, dem die tüchtige und liebenswürdige
Johanna vorstand. Dort konnte der Diplomat mit Frau und
Kindern und mit seinen großen Hunden ein ungezwungenes
Familienleben führen und Gäste empfangen. Er ritt täglich

SWALES.

und ging häufig auf Jagd, weil sonst die vorwiegend sitzende Lebensweise und das Stadtleben mit den vielen geselligen Verpflichtungen seiner Gesundheit geschadet hätten. In diesen Frankfurter Jahren wurde er immer mehr ein breiter Hüne mit fabelhafter Körperkraft und einer riesigen Arbeitskraft. Auch wurde er mit allen Ränken und Feinheiten der Diplomatie vertraut.

In Frankfurt verkehrte Bismarck beim Bankier Rothschild, von dem er gern etwas erzählte und nachahmte. Als Rothschild einmal gefragt wurde, wie er über eine brennende Wirtschaftsfrage denke, wandte er sich an einen seiner Angestellten mit der Frage:

„Meyer, wie denke ich darüber?"

Viele Jahre später, als Reichskanzler, fertigte Bismarck einen indiskret Fragenden mit den Worten ab:

„Das weiß ich nicht; ich habe heute noch nicht die Zeitungen gelesen."

Während Bismarck in Frankfurt für Preußen tätig war, verschlimmerte sich der Geistes- und Gesundheitszustand Friedrich Wilhelms IV. derart, daß er 1857 von der Regierung zurücktreten mußte und sein Bruder Wilhelm als Regent eingesetzt wurde. Der Prinzregent hielt es für ratsam, Bismarck durch einen liberaleren Bevollmächtigten zu ersetzen. Bismarck bekam 1859 den viel wichtigeren Posten des preußischen Gesandten in St. Petersburg. Der Zar, Alexander II., war der Neffe des Prinzregenten und des Königs von Preußen. Er und die ganze russische kaiserliche Familie behandelten den neuen Gesandten mit großer Liebenswürdigkeit. Trotzdem fühlte sich Bismarck, der auf einen Ministerposten in Berlin gehofft hatte, durch seine Beförderung „kaltgestellt". Die drei Jahre am russischen Hofe gaben ihm aber einen wertvollen Überblick der gesamten europäischen Politik, wie er sie nur aus dieser Vogelperspektive gewinnen konnte. Außerdem lernte er Rußland und die russischen Verhältnisse gründlich kennen.

Das Jahr 1859 brachte Bismarck schwere Krankheit, von der er zwar genas, die aber eine große Reizbarkeit, Schlaflosigkeit und häufige Schmerzanfälle hinterließ. Er verlor seinen dichten Haarwuchs. Falten und Runzeln zeigten sich in seinem starken, herrischen Gesicht. Seine durchdringenden, scharf beobachtenden grauen Augen konnten kalt wie Stahl unter den buschigen Brauen hervorblicken. Er wurde mehr gefürchtet, als geliebt. Der Humor, den er nie verlor, wurde nur zu oft beißender Spott, der einen Stachel hinterließ. Den meisten war dieser kluge, verschlossene Diplomat ein Rätsel. Die wenigsten erkannten seine Kraft und sein Genie, oder sahen den weichen Kern unter der rauhen Schale. Wer ihm nahestand wußte, daß er ebenso leidenschaftlich lieben, wie hassen konnte und imstande war, einem warmen Gefühl impulsiv nachzugeben. Diese Seite des rätselhaften Hofmannes lernte ein politischer Flüchtling kennen, der bei ihm Zuflucht suchte. Bismarck gab ihm das Nötige zur Verkleidung, ließ ihn selber zur Hintertür hinaus und gab ihm einen guten Vorsprung dadurch, daß er, der Gesandte, mit der russischen Polizei verhandelte und sie mit Vorwürfen überhäufte, weil sie den Mann hatten entkommen lassen.

Im Januar 1861 starb Friedrich Wilhelm IV. und der fast vierundsechzigjährige Prinzregent wurde Wilhelm I. König von Preußen. Wieder wurde Bismarck als Gesandter fortgeschickt, dies Mal — im Mai 1862 — nach Paris, wo ihn Kaiser Napoleon III., die Kaiserin Eugenie und der glänzende französische Hof sehr gut empfingen. Von dort aus reiste er

kurz nach London zur Weltausstellung und lernte Palmerston
und Disraeli kennen. Während die anderen Staatsmänner
Bismarcks Äußerungen über das, was er bald für Deutschland
und Europa tun werde, als Scherz oder Prahlerei beiseite=
schoben, bemerkte der scharfsinnige Disraeli:

„Hütet den Mann, denn er meint, was er sagt!"

Disraeli hatte sich nicht getäuscht. Der Diplomat Bismarck
sollte noch als Staatsmann eine ausschlaggebende Rolle
spielen in der Geschichte Preußens — Deutschlands — Euro=
pas — der Welt.

V. Der Staatsmann (1862–1864)

In seiner Gesandtenzeit war Bismarck in enger Fühlung
geblieben mit den politischen Strömungen und Ereignissen in
Preußen. Er stand in vertrautem, sehr klug und vorsichtig
geführtem Briefwechsel mit dem preußischen Kriegsminister
Albrecht v. Roon, seinem Freund aus der Göttinger Studen=
tenzeit und Vetter von Moritz v. Blanckenburg. Es war
abgemacht, daß Roon die politischen Wünsche seines Freundes
nach Kräften fördern sollte. Nach allerhand vergeblichen Ver=
suchen, schickte Roon eine Depesche ab, die Bismarck am
18. September 1862 erhielt: Die Birne ist reif. *Dé=
pêchez-vous. Periculum in mora.* Am 19. früh saß Bismarck
schon im Zuge; am 20. war er in Berlin.

Von Roon erfuhr er, daß der König in einer sehr schwierigen
Lage sei. Königin Augusta, Bismarcks erbitterte Feindin,
hatte seit Jahren intrigiert, um die Übergehung ihres alternden
Gemahls zugunsten ihres ältesten Sohnes, Friedrich Wilhelm,
herbeizuführen. Jetzt hatte der Soldatenkönig Wilhelm auch
die Mehrheit des Landtags gegen sich, die sich auf die Ver=

faſſung ſeines Bruders berief und die althergebrachte abſolute
Macht des Königs von Preußen als oberſter Kriegsherr nicht
anerkennen wollte, obgleich ſie die Neuorganiſation des Heeres
als nötig erkannte. Als Wilhelm in ſeiner Bedrängnis den Rat
ſeines Kriegsminiſters erbeten hatte, war Roons entſchloſſene
Antwort geweſen:

„Majeſtät, es gibt noch einen Mann, vielleicht den einzigen,
der dieſen Kampf führen kann und will, wenn Eure Majeſtät
nur wollen."

Stumm fragend hatte Wilhelm aufgeblickt.

„Bismarck, Eure Majeſtät," ſagte Roon.

„Sie haben vielleicht Recht," bemerkte der König ſinnend.
„Aber ich muß die Sache noch reiflich überlegen. Jedenfalls
mag ſich Bismarck bereit halten."

Kurz darauf ſchrieb der König an Roon: „Bismarck ſoll
ſobald wie möglich zu mir kommen."

Am 22. September empfing Wilhelm I. den bisher nur als
Diplomaten bewährten königstreuen Mann im Schloſſe zu
Babelsberg, in der Nähe Berlins, aber weit genug davon
entfernt, um ſich unbelauſcht und ungeſtört ausſprechen zu
können. Der König zeigte Bismarck eine fertige Abdankungs=
urkunde, worauf dieſer erſchüttert erklärte:

„Ich bin bereit, das Miniſterium zu übernehmen."

„Sind Sie bereit, gegen die Mehrheit des Landtages und
gegen ſeine Beſchlüſſe zu regieren?"

„Ja!.... Ich will lieber mit dem König untergehen, als
Eure Majeſtät im Kampfe mit der Mehrheit im Stiche
laſſen."

Feierlich ergriff Wilhelm die Abdankungsurkunde und
zerriß ſie. Dann reichte er ſeinem neuen Miniſter die Hand.
Stumm ſtanden ſich die zwei Männer gegenüber, ſchauten

sich Auge in Auge und gelobten sich wortlos Treue fürs Leben. Wieder hatte, wie so oft in der Vergangenheit, ein Bismarck sich voll und ganz in den Dienst seines Königs gestellt. Wieder wußte ein Hohenzollernkönig, daß er auf die unverbrüchliche Treue und absolute Ergebenheit eines der Stärksten unter den Edlen des Landes bauen konnte. Karl Ferdinand und Wilhelmine v. Bismarck wären jetzt restlos zufrieden gewesen mit diesem Sohne, der sie in seinen jungen Jahren so bitter enttäuscht hatte.

Am folgenden Tage wußte ganz Berlin, daß Freiherr Otto von Bismarck-Schönhausen von seinem König zum Minister=präsidenten und Minister des Äußeren ernannt worden war. Er ließ die Welt nicht lange im Zweifel über seine Absichten und Bestrebungen. Preußen sollte unter allen Umständen eine starke Militärmacht werden und sollte nicht lange mehr Österreich den Vorrang im Deutschen Bunde und damit die erste Stimme in deutschen Angelegenheiten einräumen müssen. Wenn die zweite Kammer — der Landtag — nicht mitgehen wollte, würde man auch ohne sie fertig. Schon 1863 erklärte der Ministerpräsident Bismarck:

„Die großen Fragen der Zeit werden nicht durch Reden und Majoritätsbeschlüsse, sondern durch Blut und Eisen entschieden."

Man war in Preußen dermaßen empört über Bismarcks „Blut-und-Eisen-Politik", daß Wilhelm I. für sein und seines Ministerpräsidenten Leben fürchtete. Als er mit dem Getreuen darüber sprach, erwiderte Bismarck stolz und fest:

„Gewiß, Eure Majestät, dann sind wir tot. Aber sterben müssen wir früher oder später doch, und gibt es einen an=ständigeren Tod, als für eine gute Sache sterben — ich für die Sache meines Königs und Eure Majestät für Ihr Recht und Ihre Pflicht?"

Die erste Kammer — das Herrenhaus — war auf Bismarcks Seite. Als der Landtag das Geld zur Heeresreform verweigerte, half das Herrenhaus dem Ministerpräsidenten, machte anderweitige Ersparnisse im Staatshaushalt und bewilligte eigenmächtig das nötige Geld, worauf der König die betreffenden Steuern erhob.

Bismarck wußte ganz genau, was er wollte, zunächst für Preußen, sodann für ein einiges Deutschland, das er zu einer anerkannten und geachteten europäischen Großmacht gestalten wollte. So hoch und heilig war ihm dieses Ziel, daß er dafür bereitwillig den Haß, die Verachtung, das Mißverstandensein, den beständigen Kampf mit den politischen Gegnern auf sich nahm. Vielleicht würde doch einmal der Tag kommen, an dem man ihn nicht mehr als Schurke, Scharfrichter, Hochverräter an den Pranger stellen würde. Wenn nicht — besser kämpfend untergehen, als mutlos die Flinte ins Korn werfen und das Feld räumen!

VI. Kriege und Siege (1864–1870)

Die Herzogtümer Schleswig und Holstein sollten nach Beschluß der europäischen Großmächte „auf ewig ungeteilt" bleiben. Aber während Holstein nach 1848 dem Deutschen Bunde angehörte, wurden die Deutschen in Schleswig unterdrückt vom Nachbarlande Dänemark, das die Rechte und Unabhängigkeit Schleswig-Holsteins nicht anerkennen wollte. Schließlich nahmen sich Preußen und Österreich vereint der Sache an und gingen 1864 siegreich gegen Dänemark vor. Nach dem verlorenen Kriege mußte Dänemark zugeben, daß die Sieger gemeinsam die Herzogtümer verwalteten. Dies führte zu Unstimmigkeiten zwischen den zwei Siegerstaaten.

Bismarck sah den Krieg mit Österreich kommen und wünschte ihn, während eine große Anzahl Deutscher einen solchen als „Bruderkrieg" vermeiden wollten. Zu diesen gehörte der sehr deutschgesinnte und liberal eingestellte Friedrich Wilhelm, Kronprinz von Preußen. Wilhelm I. hatte sich inzwischen mit Bismarck planmäßig vorbereitet und ein Heer geschaffen, das sich auch mit einem an der Zahl überlegenen Gegner messen konnte.

Unter denen, die in Bismarck den größten Feind Deutsch= lands sahen, war ein junger Student, der sein Volk durch einen Gewaltakt zu befreien suchte. Er folgte Bismarck an einem Maitage des Jahres 1866, als dieser vom König kam und Unter den Linden seiner eignen Wohnung in der Wilhelm= straße zuging. Der Fanatiker schoß von hinten mit einem Revolver und konnte fünf Schüsse abgehen, ehe ihn Bismarck, obgleich an der rechten Schulter und an einer Rippe getroffen, packte und festhielt, bis er von einigen vorübergehenden Soldaten abgeführt wurde. Bismarck ging rasch nach Hause, untersuchte seine Verwundungen, schrieb seinem Könige kurz, was geschehen war und zeigte sich dann im Empfangszimmer seiner Frau, die Gäste bei sich hatte. Sie sollte schonend von ihm selber vom Attentat erfahren. Er sagte leise zu ihr:

„Sie haben auf mich geschossen, mein Kind; aber sei un= besorgt, es hat nichts zu bedeuten."

Bald erschienen der König, andere Fürstlichkeiten, hohe Offiziere und persönliche Freunde in der Wilhelmstraße. Auf der Straße jubelten die Berliner laut. Bismarck mußte sich am Fenster zeigen und zu ihnen sprechen. Er war tief er= schüttert und gelobte sich im Stillen: „Jetzt will ich erst recht mein Leben meinem lieben deutschen Vaterlande weihen."

Der Attentäter entging der Todesstrafe dadurch, daß er sich

im Gefängnisse die Adern mit seinem Taschenmesser aufschnitt und verblutete.

Wenige Wochen später brach zwischen Preußen und Österreich der Krieg aus. Österreich hatte als Verbündete acht deutsche Staaten, unter ihnen die Königreiche Bayern, Württemberg, Sachsen und Hannover. Preußen stand allein, abgesehen von Italien, dessen Haupthilfe darin bestand, daß es einen Teil des feindlichen Heeres beschäftigte und von den Preußen fernhielt.

Es war ein kurzer Krieg: im Ganzen dauerte er nur sieben Wochen. Preußen ging unerwartet schnell vor, unter der Führung des geschickten Generals Hellmut v. Moltke, dem General Roon hilfreich zur Seite stand. Der König — begleitet von Bismarck in seiner Landwehrmajorsuniform — stieß zu seinem Heere in Königgrätz (auch Sadowa genannt) in Böhmen. Dort begann in der Frühe des 3. Juli eine entscheidende Schlacht. Während sie wütete, war Wilhelm als tapferer Soldat mit Moltke, Roon und Bismarck auf einer Anhöhe in der Feuerlinie. Nur mit Mühe konnte ihn sein Ministerpräsident dazu überreden, sein wertvolles Leben zu schonen und sich an eine weniger gefahrvolle Stelle zu begeben. Ein Augenzeuge hat Bismarck bei Königgrätz also geschildert: „Wie er im grauen Mantel hochaufgerichtet auf seinem riesigen Fuchs saß und die großen Augen unter dem Stahlhelm glänzten, gab er ein wunderbares Bild, das mich an Vorstellungen von Riesen aus der nordischen Urzeit erinnerte."

Stundenlang wogte die Schlacht hin und her. Oft sah es aus, als müßte Preußen unterliegen. Wenn nur der Kronprinz mit der so nötigen Verstärkung rechtzeitig eintreffen würde! Für den Staatsmann Bismarck, der die Hauptverantwortung am Kriege trug, war die Unsicherheit qualvoll.

Er wußte, wie kein anderer, was auf dem Spiele stand. Auch
der König wurde unruhig. Schließlich ritt Bismarck zu Moltke
hin, aus dessen beherrschtem Gesichtsausdruck er nichts erfahren
konnte, und reichte ihm sein Zigarrenetui. Moltke nahm sich
die Zeit, die beste Zigarre auszusuchen, und Bismarck kannte
ihn gut genug um zu wissen, daß dies ein gutes Zeichen sei.
Nun hatte er selber nur noch eine einzige Zigarre übrig, die er
aufhob in der Hoffnung, sie nach der Schlacht „in Siegesruhe"
rauchen zu können. Da sah er einen Soldaten auf der Erde
liegen, dem beide Arme zerschmettert waren. Bismarck
durchsuchte schnell alle Taschen nach einer Erquickung für den
armen Kerl und fand seine letzte kostbare Zigarre. Er erzählte
später: „Ich rauchte sie ihm an und steckte sie ihm zwischen die
Zähne. Das dankbare Lächeln des Unglücklichen hätte man
sehen sollen. So köstlich hat mir noch keine Zigarre geschmeckt
wie diese, die ich nicht rauchte."

Um zwei Uhr nachmittags war der Kronprinz endlich zur
Stelle. Wie 1815 bei Waterloo das Eintreffen Blüchers den
Ausschlag gab, war bei Königgrätz das Kommen Friedrich
Wilhelms der Wendepunkt. Keine zwei Stunden später
räumten die geschlagenen Österreicher das Feld. Ihre Ver-
luste waren viermal so groß, wie die der Preußen.

„Auf gegen Wien!" hieß es jetzt. Wilhelm und sein sieg-
reiches Heer wollten ihren Vorteil ausnutzen, Österreich
demütigen, ihm und seinen Verbündeten möglichst viel Land
abgewinnen. Bismarck jedoch beurteilte die Lage nicht nur
als Soldat, sondern vor allem als weitsichtiger Staatsmann.
Er wollte keine fremde Einmischung riskieren in Preußens
Abrechnung mit dem geschlagenen Feinde. Von den anderen
europäischen Großmächten, besonders Frankreich, erwartete er
Widerstand gegen ein erweitertes und mächtigeres Preußen.

Es konnte sehr bald zum Kriege mit Frankreich kommen, und dann sollten Österreich und die anderen deutschen Staaten für und nicht wider Preußen sein.

Auf dem Marsch gegen Wien kämpfte Bismarck mit seinem König um diesen Ausgang des Krieges gegen Österreich — und kämpfte vergebens, bis er im Kronprinzen unerwartet einen Verbündeten fand. Dieser war bisher kein Freund Bismarcks gewesen. Jetzt aber stand er zu ihm. Er befürwortete des Ministerpräsidenten Friedensvorschläge in einer Unterhaltung mit seinem Vater, nach dem er zu Bismarck ging und ihm sagte:

„Es hat sehr schwer gehalten, aber mein Vater hat zuge= stimmt."

So kam schon Ende Juli der Vorfriede zustande. Nachdem er unterzeichnet war, dankte Wilhelm I. seinen drei Getreuen — Moltke, Roon, Bismarck — und verlieh ihnen hohe Orden. Zum Siegeseinzug in Berlin am 20. September 1866 er= nannte er Bismarck zum Generalmajor eines Kürassier= regimentes, gab ihm auch die Erlaubnis, diese Uniform bei Hofe und sonst nach Belieben zu tragen anstelle des ihm verhaßten korrekten und steifen Zivil. Beim Siegeseinzug durfte Bismarck mit Moltke und Roon neben seinem König durchs Brandenburger Tor in die Hauptstadt reiten. Während die anderen Generäle und der alte Kaiser frisch und von der Sonne verbrannt aussahen, viel jünger als vor Kriegsbeginn, sah der riesige Mann in der Kürassieruniform blaß und elend aus, als wäre er zu früh von einem Krankenlager aufgestanden. Bismarck war in der Tat krank und erschöpft. Die Strapazen des Feldzuges, der Konflikt mit seinem geliebten König, die durchgrübelten schlaflosen Nächte, die schier übermenschliche Arbeit, Preußens Schicksal mit sicherer Hand durch diese

schwere Krise zu führen: dies alles war selbst seiner eisernen Konstitution fast zuviel geworden.

Er durfte sich aber sagen, daß er in dieser Zeit ein Meisterstück der Staatskunst vollbracht hatte. Österreich gab Venetien an Italien ab und trat aus dem Deutschen Bunde, der aufgelöst wurde. Schleswig-Holstein, das Königreich Hannover, die alte freie Stadt Frankfurt-am-Main und einige der Herzogtümer, die auf Österreichs Seite gekämpft hatten, wurden Preußen einverleibt. Die zweiundzwanzig Staaten nördlich des Main schlossen sich zusammen zum Norddeutschen Bunde, mit dem König von Preußen als Bundespräsident. Bevollmächtigte der einzelnen Bundesstaaten bildeten den Bundesrat. Ein vom Volk gewähltes neues Parlament bekam den alten deutschen Namen Reichstag und der Ministerpräsident Preußens wurde Bundeskanzler.

Jetzt war Bismarck nicht mehr ein Volksfeind, sondern ein Nationalheld. Mit Recht hatte Disraeli, nur wenige Jahre vorher, die Staatsmänner Europas gemahnt, den preußischen Diplomaten Bismarck nicht als Prahlhans zu verspotten, sondern als künftigen führenden Staatsmann ernst zu nehmen.

VII. Sedan und Versailles (1870–1871)

Frankreich hatte sich stark verrechnet, als es Mitte Juli 1870 Krieg erklärte gegen Preußen, das es in verhängnisvoller Weise unterschätzte und bald zu besiegen gedachte. Es kam jedoch anders. Die deutschen Staaten — auch die süddeutschen — standen treu zu Preußen. Es herrschten Eintracht und Begeisterung im ganzen deutschen Heere, während die französischen Befehlshaber durch Unstimmigkeiten viel kostbare Zeit verloren. Bald waren die Deutschen über den Rhein

marschiert. Straßburg im Elsaß und Metz in Lothringen (wo
sich die erste französische Armee befand) wurden einge=
schlossen. In der für Preußen siegreichen Schlacht von Grave=
lotte fochten Herbert und Wilhelm v. Bismarck (einundzwanzig
und achtzehn Jahre alt) als Kriegsfreiwillige.

Ihr Vater war mit seinem König, dem Kronprinzen und
Feldmarschall v. Moltke am 1. September im königlichen
Hauptquartier vor der Festung Sedan an der Maas, dicht an
der belgischen Grenze, wo Napoleon III. mit der zweiten
französischen Armee eine starke Stellung eingenommen hatte.
An diesem verhängnisvollen 1. September wurde die fran=
zösische Armee nach und nach von den Deutschen umzingelt.
Nach verzweifeltem Kämpfen blieb dem Kaiser nichts anderes
übrig, als seinen Degen an den König von Preußen zu
schicken, der dann Moltke und Bismarck mit den Verhand=
lungen zur Waffenstreckung der französischen Armee betraute.
Bis ein Uhr nachts verhandelten sie mit den französischen
Generälen.

Schon um fünf Uhr morgens am 2. September wurde
Bismarck geweckt. Der Franzosenkaiser wünschte ihn zu
sprechen. „Ungewaschen, ungefrühstückt“, wie er selber an
seine Frau berichtete, machte er sich auf und ritt gegen Sedan.
Unterwegs, in einem offnen Wagen, fand er den unglücklichen
Kaiser mit drei seiner Offiziere; drei andere begleiteten ihn
zu Pferde. Bismarck ritt an den Wagen heran, sprang vom
Pferde und grüßte den Kaiser ebenso höflich, wie vor Jahren
als Gesandter in Paris. Napoleon wünschte, König Wilhelm
zu sprechen. Bismarck ging mit dem gefangenen Monarchen
in ein nahes Arbeiterhäuschen und blieb eine Stunde mit ihm
dort, bestrebt, von nichts zu sprechen, was ihn schmerzlich
berühren könnte, bis der erwartete Bote vom König ankam.

Was am Leben geblieben war von der zweiten französischen Armee, ging mit dem Kaiser in deutsche Gefangenschaft. Die Kaiserin Eugenie flüchtete von Paris und fand eine Zuflucht in England bei der Königin Viktoria. In Frankreich wurde schon am 4. September die Republik erklärt. Ihre erste Aufgabe war das Schaffen eines neuen Heeres.

Nach Sedan beschränkte sich die deutsche Armee auf die Belagerung von Straßburg, Metz und Paris und das Zurückwerfen der republikanischen Truppen, die immer wieder vergebens versuchten, den eisernen Ring um die Hauptstadt zu brechen. Straßburg fiel Ende September, Metz Ende Oktober. Paris war genügend mit Lebensmitteln versehen, um monatelang zu widerstehen. Aber allmählich stellten sich auch hier in der eingeschlossenen Stadt Hunger und Krankheit ein. Trotzdem hielt sie aus. Tag für Tag las man daheim in der Zeitung: „Nichts Neues vor Paris!" Im deutschen Hauptquartier zu Versailles wußte man aber, daß die Übergabe von Paris nur eine Frage der Zeit sei. Anfang Januar 1871 begann die Beschießung der Seinestadt.

Für Bismarck war diese Zeit ebenso schwer und ebenso wichtig, wie die des Krieges mit Österreich vier Jahre früher. Er fühlte, daß der Zeitpunkt gekommen war, dem er so lange entgegengearbeitet hatte. Endlich waren die deutschen Staaten reif für ein einiges Deutschland unter der Führung Preußens, das sich als starke Militärmacht und als organisatorische Kraft gerade in diesem Kriege mit Frankreich so glänzend bewährt hatte.

Italien war Deutschland schon zuvorgekommen. Als Frankreich die Truppen, welche die weltliche Macht des Papstes in Rom unterstützte, hatte zurückziehen müssen, zog am 20. September 1870 der neue König Viktor Emanuel in Rom ein

und Italien wurde ein Königreich mit einem einzigen regie=
renden Fürsten. Für Deutschland wollte Bismarck, in
Übereinstimmung mit dem Kronprinzen und den anderen
deutschen Fürsten, etwas ganz anderes. Es sollte nach wie vor
ein Bundesstaat bleiben, der aber auch die süddeutschen
Staaten umfassen sollte. Der König von Preußen sollte nicht
mehr Bundespräsident sein, sondern Deutscher Kaiser, mit
oberster Kriegsgewalt und der Stellung des ersten unter den
Fürsten.

Wilhelm I. machte Schwierigkeiten. Er stand schon im
vierundsiebzigsten Lebensjahre, war mehr Soldat als Staats=
mann, war mit dem Titel Bundespräsident zufrieden. Er
fürchtete, die großen süddeutschen Fürsten durch Annahme
der Kaiserwürde zu entfremden. Schließlich, als Bismarck
nach endlosen Verhandlungen mit Berlin und den Einzel=
fürsten alles ins Reine gebracht hatte, wollte Wilhelm dem
König von Italien nicht nachstehen und Kaiser von Deutschland
werden.

Endlich war alles vorbereitet. Am 18. Januar 1871, dem
Tage, der 1701 die Krönung des ersten Königs von Preußen
gesehen hatte, versammelten sich die Fürsten und Befehls=
haber im Spiegelsaale des Schlosses zu Versailles, während
vom belagerten Paris der Kanonendonner herüberrollte. Auf
einer mit Regimentsfahnen geschmückten Estrade stand der
alte Hohenzollernkönig Wilhelm, eine schlichte Soldatengestalt
mit weißem Bart, ehrlichen blauen Augen und gutem, ver=
trauenerweckendem Gesicht. Hinter ihm stand sein Erbe, der
Kronprinz Friedrich Wilhelm, den seine Soldaten als „unsern
Fritz" vergötterten; neben ihm stand der Großherzog von
Baden. Ringsherum auf dem Parkettfußboden standen
Männer in Uniform, dicht bei den Stufen der Estrade Moltke

als Feldmarschall und in seiner weißen Kürassieruniform der Mann, dessen jahrelange unermüdliche Arbeit diese Stunde krönte: Bismarck.

Nachdem alle Anwesenden das Lied „Nun danket alle Gott" gesungen hatten, verlas Bismarck als neuer Reichskanzler die Proklamation an das Deutsche Volk. Als er schwieg, erhob der Großherzog von Baden die rechte Hand und rief:

„Seine Majestät der Kaiser Wilhelm lebe hoch!"

Brausender Beifall erklang. Der Schluß dieser schlichten Feier der Kaiserproklamation bildete das gemeinsame Singen von „Heil dir im Siegerkranz!"

Fortan jubelte ganz Deutschland seinem Bismarck zu als „Schmied des Deutschen Reiches". Kaiser Wilhelm, der ihm nach dem Kriege von 1866 die Mittel zum Kaufe des Gutes Varzin in Pommern geschenkt hatte, gab ihm 1871 den Sachsenwald im Lauenstein, zu dem der Reichskanzler später das benachbarte Schloß Friedrichsruh kaufte. Es war nur eine Stunde Bahnfahrt von Berlin. Kniephof wurde verkauft, aber Schönhausen behielt Otto v. Bismarck und er kaufte zurück, was sein Vater davon verkauft hatte. Außerdem erhob der Kaiser den Reichskanzler in den erblichen Fürstenstand.

Zehn Tage nach der Kaiserproklamation kapitulierte Paris. Bismarck ritt mit unter den Siegern in die besiegte Stadt. Er wußte, daß mit der Einnahme von Paris der Krieg zu Ende war. Im Mai 1871 wurde der Friedensvertrag unterzeichnet. Frankreich mußte eine Kriegsentschädigung von fünf Milliarden Francs zahlen und die Schwesterprovinzen Elsaß und Lothringen an Deutschland abgeben.

VIII. **Der Eiserne Kanzler** (1871–1890)

Das Wirken des Fürsten Bismarck als Reichskanzler in den neunzehn Jahren nach der Kaiserproklamation Wilhelms I. ist ein wichtiger Bestandteil der Geschichte dieser Zeit. Mit so fester und zielbewußter Hand, daß er als Eiserner Kanzler bekannt wurde, gab er dem neuen Deutschen Reich eine geachtete Stellung unter den Großmächten und leitete die oft schwierige Politik Deutschlands. Der alte Kaiser räumte ihm eine fast eigenmächtige Stellung ein, denn er wußte, daß er nicht ohne ihn regieren könnte. An seinem achtzigsten Geburtstage bat er ihn inständig, bis zum Tode bei ihm auszuharren, was Bismarck gerührt versprach. Wie er es selber ausdrückte: „Die Treue des Herrschers erzeugt und erhält die Treue seiner Diener." Die Autorität des Reichskanzlers war, laut der Reichsverfassung, abhängig vom Willen des Kaisers, der ihn berufen und entlassen konnte und dem allein er verantwortlich war.

Daß der allmächtige Bismarck viele Feinde und Neider hatte, ist selbstverständlich. Er war nie seines Lebens sicher, was wohl seine Familie und seine Freunde beunruhigte, ihn selber aber kalt ließ. Im Sommer 1874, während eines Kuraufenthaltes in Kissingen, wurde er durch einen Revolverschuß verwundet, wonach sein rechter Daumen dauernd so empfindlich blieb, daß er das eigenhändige Schreiben zugunsten des Diktierens sehr einschränkte. Am Abend jenes mißlungenen Attentates erklärte er bei der Tafel gleichmütig und mit trocknem Humor:

„Die Sache ist zwar nicht kurgemäß, aber das Geschäft bringt es so mit sich."

Es ist dem Manne, der die Kriege von 1864, 1866 und 1870

gewollt und für sein Vaterland glänzend ausgenutzt hatte
gelungen, mit den anderen Großmächten Frieden zu halten.
Die russisch=französische Freundschaft glich Bismarck aus durch
ein österreichisch=deutsches Bündnis, das später (1882) mit
Italien den berühmten Dreibund bildete. Mit England unter=
hielt er gute Beziehungen. Die beiden blutsverwandten
königlichen Häuser wurden noch inniger verbunden durch
die Heirat des deutschen Kronprinzen mit der englischen
Königstochter Viktoria. Den geschickten Premierminister
Disraeli bewunderte Bismarck aufrichtig. Als ihn im Jahre
1878 ein Reichstagsabgeordneter fragte, wen er für den größten
Diplomaten halte, erwiderte der seines eignen Wertes durchaus
bewußte Bismarck:

„Wen ich für den ersten Diplomaten halte, kann ich nicht
sagen, gewiß ist aber Lord Beaconsfield der zweite."

Jenes Jahr 1878 brachte zwei Attentate auf den alten
Kaiser, und ein Sozialist behauptete im Reichstag: „Wir
wollen keinen Kaiser und keinen Bismarck. Wir wollen kein
Heer.... Wir fordern die Republik." Der Reichstag wurde
aufgelöst, und im Herbst nahm der neue Reichstag Bismarcks
Sozialistengesetz an. Der Reichskanzler war aber selber für
soziale Gesetzgebung. Im letzten Jahrzehnte seiner Amtszeit
wurde die Krankheits=, Unfalls= und Altersversicherung durch=
geführt. Erst viel später folgten die anderen europäischen
Staaten dem Beispiel Deutschlands. Auch die Anfänge seiner
Kolonialmacht, die Verstärkung seiner Flotte, die Erweiterung
seines Welthandels und den Aufschwung seiner Industrie
verdankt Deutschland zum großen Teile der weitsichtigen
Politik Bismarcks.

Ungern wurde Bismarck, der in religiösen Dingen sehr
duldsam war, in den ersten Jahren des neuen Kaiserreiches

in einen Konflikt mit der römischen Kirche — den sogenannten
Kulturkampf — verwickelt. Es galt, die Staatsgewalt gegen=
über der Kirchenmacht zu behaupten. Bismarck erklärte im
Reichstag: „Nach Kanossa gehen wir nicht, weder körperlich,
noch geistig." Als ein neuer Papst, Leo XIII., 1878 zur
Herrschaft kam, war es möglich, freundliche Beziehungen zu
Deutschland wieder herzustellen.

Pflichttreu und von seinem Volke geliebt, erreichte Kaiser
Wilhelm das Alter von neunzig Jahren. Er pflegte zu sagen:
„Ich habe keine Zeit, müde zu sein." Seine Kräfte nahmen
aber sichtlich ab, und am 9. März 1888, wenige Wochen vor
seinem Geburtstag, schloß er die Augen für immer. Für
seinen treuen Diener Bismarck war der Tod des „greisen
Kaisers", wie man ihn nannte, ein tiefer persönlicher Schmerz,
ein unersetzlicher Verlust. Voll schwerer Sorge schaute er in
die Zukunft, denn der Thronfolger war nicht mehr der lebens=
volle leistungsfähige Mann von ehemals, sondern ein an
unheilbarem Halskrebs Sterbender, mit einer Frau, die das
Recht zu haben glaubte, an den Staatsgeschäften teilzuneh=
men. Der totkranke „weise Kaiser" Friedrich III. stand in
einem herzlichen Vertrauensverhältnis zum Reichskanzler,
mit dessen Hilfe er in den neunundneunzig Tagen seiner Re=
gierung alle Pflichten seiner hohen Stellung getreulich erfüllte.
Am 25. Juni erlöste ihn der Tod von seinem qualvollen Leiden,
und sein neunundzwanzigjähriger Sohn wurde Deutscher
Kaiser.

Wilhelm II., vom Volke den „Reisekaiser" genannt, reiste
unbesorgt nach allen Höfen Europas, denn das Staatsschiff
lenkte ja der kraftvolle Reichskanzler, für den der junge
Herrscher eine herzliche und aufrichtige Bewunderung hegte.
Bismarck jedoch ahnte schon im Dreikaiserjahre 1888, daß sein

energischer, modern eingestellter Kaiser Wilhelm II. bald wünschen würde, selber zu regieren, ohne die Mitwirkung eines alten erfahrenen Mannes. Und doch konnte sich der Dreiundsiebzigjährige nicht entschließen, freiwillig aus dem Amte zu scheiden, obgleich er oft leidend war und sich viel auf seinen Gütern aufhielt.

Der gefürchtete Bruch blieb nicht aus. Schon nach zwei Jahren, im März 1890, bat ihn der junge Kaiser, sein Abschieds= gesuch einzureichen, der sofort genehmigt wurde. Dabei schrieb Wilhelm II. aber an den aus dem Amte Scheidenden: „Was Sie für Preußen und Deutschland gewirkt und erreicht haben, was Sie Meinem Hause und Mir gewesen sind, wird Mir und dem deutschen Volke in dankbarer und unvergäng= licher Erinnerung bleiben." Einem Freunde schrieb der Kaiser: „Mir ist so weh, als hätte ich noch einmal meinen Großvater verloren." Er ernannte den Fürsten Bismarck zum Herzog von Lauenburg, eine Ehrung, die dieser schroff zurückwies, und gab ihm den militärischen Rang eines Feldmarschalls. Aber nichts konnte dem alten Reichskanzler die Härte seines Schicksals mildern. Als er seinen Abschiedsbesuch bei der Kaiserin Friedrich machte und seine frühere Feindin gütig fragte, ob sie nichts für ihn tun könne, antwortete er:

„Majestät, ich bitte nur um Mitgefühl."

Am 28. März fuhr er in der Abenddämmerung zum könig= lichen Mausoleum in Charlottenburg, in der Hand ein paar Rosen, die er an seines alten Kaisers Ruhestätte niederlegte. Allein nahm er Abschied von seinem geliebten Herrn, dem er so treu gedient hatte. Am folgenden Tage verließ er die Amtswohnung in der Wilhelmstraße, die er achtundzwanzig Jahre lang ununterbrochen innegehabt hatte, um sich bitter, gekränkt und unversöhnlich in den Sachsenwald zurückzuziehen.

IX. Der Alte vom Sachsenwalde (1890–1898)

„Ich habe, solange ich im Dienst war, immer den Ernst eines Wachthundes an der Kette gehabt und habe gebissen, was ich beißen mußte."

So faßte Bismarck seine Staatspflicht auf.

Nun war die Zeit vorüber, in der er sagte: „Es ist so viel Müssen in meinem Leben, daß ich selten zum Wollen komme." Er konnte sein Leben wunschgemäß einrichten, die wohl= verdiente Ruhe genießen, die Eindrücke eines langen, arbeits= reichen Lebens friedlich ausklingen lassen, während er Anderen die stürmischen Staatspflichten überließ. Das erwartete die Welt vom alten Kämpfer. Sie ging ruhig ihren Gang weiter ohne ihn, und nur ein einziger Herrscher, Leo XIII., bedauerte sein Gehen und sagte: „Ich vermisse Bismarck."

Was man von ihm erwartete, war einem Otto v. Bismarck nicht möglich. Der junge Kaiser hatte die Kette des Wacht= hundes gelöst und ihn gehen heißen. Er konnte ihm aber weder einen Maulkorb anlegen, noch ihm das Beißen verbieten — und der Fünfundsiebzigjährige, durch die warme aber ein= seitige Teilnahme seiner Gattin in seinem Groll verstärkt, biß unentwegt weiter. Er, der als junger Diplomat darauf stolz war, „mit Worten garnichts zu sagen", war jetzt von einer geradezu verblüffenden Offenheit wenn es galt, sich durch persönliche Angriffe oder durch die Preisgabe von Staats= geheimnissen an denen zu rächen, die ihn irgendwie geärgert oder gekränkt hatten. Immer wieder brachte die Tagespresse Artikel und Leitartikel, die von ihm inspiriert, wenn nicht gar anonym geschrieben waren. Konnte er Deutschlands Politik nicht mehr leiten — so dachte er grimmig — dann wollte er wenigstens anderen Staatsmännern ins Gehege kommen.

Solche Gesinnung war vielleicht menschlich, sie hat aber seiner Größe entschieden Abbruch getan.

Es gibt glücklicherweise noch eine andere und liebenswürdigere Seite seiner schriftstellerischen Tätigkeit. Stundenlang, oft bis tief in die Nacht hinein, durchlebte er wieder im Geiste seine buntbewegte Vergangenheit, schmunzelte über manche lustige Erinnerung, verweilte bei längstvergangenen Ereignissen oder lieben verstorbenen Menschen. Manchmal diktierte er einem seiner Sekretäre. Zu anderen Zeiten saß er allein im bequemen Lehnstuhl am runden Tisch, gekleidet im Hausrock mit weichem Kragen und loser Halsbinde. Neben ihm lagerte einer der großen Doggen, die er liebte und fast immer um sich hatte. Vor ihm auf dem Tisch standen ein Tintenfaß und ein Behälter mit zugeschnittenen Gänsefedern. In der Rechten hielt er die Feder, in der Linken die lange Pfeife, die ihn bald in dichte Rauchwolken hüllte. Mochte es draußen noch so kalt oder stürmisch sein, er, der alte Titan, merkte nichts davon, denn ehe die Fürstin schlafenging, überzeugte sie sich, daß die Vorhänge gezogen waren, das Zimmer die richtige Temperatur hatte, die Lampe auf dem Tische gut brannte, ihr Mann alles Nötige zur Hand hatte, um ungestört in der Vergangenheit zu weilen und seine Erinnerungen für die Nachwelt niederzuschreiben.

Inzwischen vergaßen ihn seine Deutschen nicht. In hellen Scharen kamen sie zu ihm, um ihm ihre Dankbarkeit, Verehrung und Liebe zu bezeugen. Seine Geburtstage wurden festlich begangen, und von nahe und fern bekam er Briefe und Geschenke. Am achtzigsten waren es mehr als elftausend Depeschen und über eine halbe Million Briefe. Der Maler Lenbach, der ihn, sowie den alten Kaiser Wilhelm, Moltke und Roon, so lebensvoll gemalt hatte, war an jenem Geburts-

tage bei ihm in Friedrichsruh. Der Greis sagte zu ihm, halb
humorvoll, halb wehmütig:

„Mein lieber Lenbach, die ersten achtzig Jahre eines Men=
schenlebens sind immer die glücklichsten."

Unter den Ehrungen, die er gern annahm, war seine Ernen=
nung, nach und nach, zum Ehrendoktor an sechs Universitäten.
Er war wohl der einzige Staatsmann, der Ehrendoktor von
allen Fakultäten war.

Mit den Jahren kam er innerlich mehr zur Ruhe und wurde
weniger bitter. Im Januar 1894 söhnten sich „der Monarch
und der Patriarch" öffentlich aus. In den ersten Jahren nach
seiner Entlassung war Bismarck öfters in Varzin und Schön=
hausen, im Sommer alljährlich in Kissingen. Nach und nach
ging er immer seltner fort von Friedrichsruh, von seinem
geliebten Sachsenwalde, wo er jeden Baum kannte. Dort
genoß er das ruhige Landleben. Er unterhielt sich auf seinen
Spaziergängen gern mit den einfachen Leuten, die sehr an
ihm hingen.

Es wurde aber immer einsamer um den Alten vom Sachsen=
walde. Die Pferde und Hunde, die er liebte, sah er sterben.
Sein Bruder und seine nächsten Freunde, unter ihnen Roon
und Moltke, gingen ihm im Tode voraus. Der größte Schmerz
seines Lebens war aber die Trennung von seiner treuen
Lebensgefährtin Johanna, die im November 1894 mit siebzig
Jahren starb. Er hatte zwar noch seine Schwester und ihren
Mann und seine drei verheirateten Kinder und fand viel Trost
im Briefwechsel mit ihnen, beklagte aber, daß sie so weit von
ihm wohnten und er sie nur selten bei sich haben konnte. Er
hatte keine rechte Lebensfreude mehr, kein Interesse an der
Politik. Er wollte für sich und seine Johanna ein schlichtes,
würdiges Mausoleum im Sachsenwalde schaffen, dicht bei

Schloß Friedrichsruh. Seine Kräfte nahmen immer mehr ab; nur im Rollstuhl konnte er im Park und im Walde spazieren= gefahren werden. Seinem Arzte sagte er:

„Meine Trompete gibt keinen Ton mehr; sie ist durch= löchert. . . . Es ist kein Öl mehr auf der Lampe."

Spät am Abend des 30. Juli 1898 ist Deutschlands großer Sohn sanft entschlafen. Wilhelm II. wollte ihn im Dom zu Berlin beisetzen lassen. Aber der Wunsch des Verstorbenen wurde ausgeführt. Das Kaiserpaar, viele Fürstlichkeiten, viele hohe Würdenträger kamen mit seinen Verwandten und Freunden nach Friedrichsruh zur Trauerfeier.

Auf seinem Sarkophag, neben dem seiner Frau, steht die von Bismarck selbst gewählte Inschrift. Nichts als sein Name, das Datum seiner Geburt und seines Todes und die Worte, ergreifend in ihrer Schlichtheit:

Ein treuer deutscher Diener Kaiser Wilhelms I.

An der Wand der Grabkapelle liest man den Konfirmations= spruch des Knaben Otto v. Bismarck, der seines Lebens Leitstern gewesen war.

Das deutsche Volk aber liebt und verehrt seinen Bismarck als den größten seiner Staatsmänner, der trotz aller Schwächen und Schroffheiten doch ein echter Patriot war und aus dessen glühender Vaterlandsliebe das einige Deutschland entstand. In der Weltgeschichte lebt dieser kraftvolle, wahrhaft große, echt deutsche Mann als der Schmied des Deutschen Reiches.

X. Zeittafel (1815–1898)

1815. Otto Eduard Leopold v. Bismarck am 1. April zu Schönhausen geboren.

1832–35. Studienzeit in Göttingen und Berlin.

1835–37. Arbeit an den Gerichten in Berlin und Aachen.

1838–39. Militärisches Dienstjahr.

1839. Tod der Mutter.
Übernahme des Gutes Kniephof.

1845. Tod des Vaters.
Übernahme des Stammgutes Schönhausen.
Deichhauptmann.

1846. Bismarck im Sächsischen Landtag.

1847. Bismarck im Vereinigten Landtag.
Heirat mit Johanna v. Puttkamer.

1848. Revolutionsjahr.
Deutsche Nationalversammlung in Frankfurt a. M.

1851–57. Bismarck als Bevollmächtigter Preußens im Bundestage zu Frankfurt a. M.

1857. Übernahme der Regentschaft durch Wilhelm Prinz von Preußen anstelle des kranken Königs Friedrich Wilhelm IV.

1859. Bismarck als preußischer Gesandter in St. Petersburg.

1861. Tod des Königs Friedrich Wilhelm IV.
Regierungsantritt des Königs Wilhelm I.

1862. Bismarck im Mai als preußischer Gesandter nach Paris geschickt.
Bismarck im September zum Ministerpräsidenten ernannt.

1864. Krieg mit Dänemark wegen Schleswig-Holstein.

1866. Krieg mit Österreich. Königgrätz.

1867. Gründung des Norddeutschen Bundes. Bismarck als Bundeskanzler.
1870. Krieg mit Frankreich. Gravelotte. Sedan. Einnahme von Straßburg und Metz.
Ende der weltlichen Macht des Papstes.
Einzug des Königs von Italien in Rom.
1871. Einnahme von Paris.
Proklamation von Wilhelm I. als Deutscher Kaiser am 18. Januar.
Bismarck, der erste Reichskanzler, in den erblichen Fürstenstand erhoben.
1872. Kulturkampf.
1882. Dreibund zwischen Deutschland, Österreich und Italien.
1888. Das Dreikaiserjahr.
Tod von Wilhelm I. am 9. März.
Tod von Friedrich III. am 25. Juni.
Regierungsantritt von Wilhelm II.
1890. Entlassung des Reichskanzlers Fürst Bismarck.
1894. Aussöhnung zwischen Bismarck und Wilhelm II.
Tod von Johanna v. Bismarck am 27. November.
1898. Otto v. Bismarck am 30. Juli gestorben.

NOTES

Page 7, l. 10. The *Hohenzollern*, who took their name from a castle near Lake Constance, became Electors of Brandenburg in 1415, and were Kings of Prussia from 1701 to the abdication of William II in 1918.

Page 8, l. 27. *Egli fù* (Italian) = He was. A fine elegy on Napoleon by Alessandro Manzoni (1785–1873).

Page 9, l. 28. Johann Heinrich *Pestalozzi* (1745–1827) was a Swiss educational reformer.

Page 9, l. 28. Friedrich Ludwig *Jahn* (1778–1852) was a pioneer of physical culture in Germany and played an important part in the War of Liberation of 1813. He is still affectionately called the Father of Gymnastics.

Page 10, ll. 30–1. Colossians iii. 23: "Whatsoever ye do, do it heartily, as to the Lord, and not unto men."

Page 11, l. 19. The *Korps* (formerly spelt "Corps") were the most aristocratic of the numerous German students' associations. They combined club life with discipline in matters of deportment. They had a very strict code of honour. They went in for fencing and duelling, and their members were very proud of duel scars on their face, which were called "Schmisse". Every Korps had frequent obligatory social gatherings with songs, speeches, and beer drinking. The members, whether "active" or "old gentlemen", remained "brothers" to the end of their lives.

Page 14, l. 29. As a *Referendar*, the young barrister practises in the courts without emolument.

Page 21, l. 31. The *Pietists* owe their name and character to a Lutheran pastor, Philipp Jakob Spener (1635–1705), who held devotional meetings called "collegia pietatis" at Frankfort. His aim was to deepen the spiritual life of the Lutheran Church and to promote close personal communion with God. The German Pietists were not unlike the English Methodists. Frequently an exaggerated emotional mysticism laid them open to misunderstanding and ridicule.

Page 30, ll. 21–2. "Die Birne ist reif. *Dépéchez-vous*. *Periculum in mora*." "The pear is ripe. Make haste. There is danger in delay."

Page 34, l. 13. "seiner eigenen Wohnung." This house in the Wilhelm-strasse, not far from the Royal Palace, corresponds to 10 Downing Street in London as the official residence of the Prime Minister.

Page 46, l. 22. *Kissingen* is a well-known spa in Bavaria.

Page 48, ll. 4–5. "Nach Kanossa gehen wir nicht," usw. When he said: "We shall not go to Canossa, either in the flesh or in the spirit", Bismarck alluded to the German Emperor Henry IV.'s humiliation before Pope Gregory VII. at Canossa in 1077.

EXERCISES

1. Taking each illustration in turn, narrate in German the story of the incident depicted, and give the context.

2. Describe in German Bismarck's home and school life. How much of his character and progress are traceable to his father's and how much to his mother's influence?

3. Narrate in German some incidents from Bismarck's years of "Sturm und Drang".

4. In a few sentences tell the story of Bismarck's religious development, and that of his courtship. What other experiences helped to steady his character?

5. Give a few instances of Bismarck's independence of character and of his skill as a diplomat.

6. Trace briefly the steps which led up to the proclamation of the German Empire.

Wörterverzeichnis

Abbruch: — tun *str.* lessen, detract from

Abdankung *f.* abdication

Abenddämmerung *f.* dusk, twilight

abermals once again; another

abfertigen *w.* dispose of, rebuff, ,snub

abführen *w.* lead away, arrest

abgeben *str.* give up, cede

Abgeordnete(r) *m.* representative, deputy, M.P.

abgesehen von apart from, except for

abgewinnen *str.* gain from

abhängig dependent

Abiturientenexamen *n.* matriculation

abmachen *w.* agree, settle, arrange

abnehmen *str.* wane, decline, fail

Abrechnung *f.* reckoning

Abschied *m.* farewell; — nehmen *str.* take leave, bid farewell

Abschiedsbesuch *m.* farewell visit

Abschiedsgesuch *n.* request of dismissal, resignation

abschlagen *str.* refuse

Achilleus *m.* (name) Achilles

achselzuckend with a shrug of the shoulders

achten *w.* respect

Achtung *f.* respect

Acker *m.* ploughed field

Ader *f.* vein

adlig of noble birth, aristocratic

Adlige(r) *m.* nobleman, aristocrat

Ägypten *n.* Egypt

ahnen *w.* conceive, conjecture, surmise; foresee, have a presentiment; nicht — have no idea

Ahnenbild *n.* portrait of an ancestor

ähnlich like, similar

akademisch academic, university; — gebildet with a university training

Albrecht *m.* (name) Albert

Alleinherrscher *m.* autocrat, absolute ruler

allerhand various, all kinds of

alljährlich every year

allmählich gradually

Alte *m.* old man

Alter *n.* age; old age

altern *w.* age, grow old

Altersversicherung *f.* old age insurance

altertümlich quaint, old-fashioned

althergebracht traditional

Ameisenarbeit *f.* detail work

Amt *n.* post, office; aus dem — scheiden *str.* retire from office, resign

Amtswohnung *f.* official residence

Amtszeit *f.* term of office, tenure of office

Andenken *n.* memory

andererseits on the other hand

anders: — kommen *str.* turn out differently

anderweitig in other directions; other kinds of

aneignen *w.* (*refl.*) acquire

anerkennen *str.* recognise, acknowledge

Anfall *m.* attack, fit

anfänglich at first

angehend budding

angehören *w.* belong to

Angehörige *pl.* relatives
Angelegenheiten *f.pl.* affairs
Angestellte(r) *m.f.* employee
angestrengt hard, assiduous(ly)
Angriff *m.* attack
anherrschen *w.* bark at
Anhöhe *f.* eminence, hill
anklagen *w.* accuse
ankommen *str.* arrive
Ankunft *f.* arrival
Annahme *f.* acceptance
annehmen *str.* accept
anonym anonymous
anpassen *w.* (*refl.*) adapt oneself
anrauchen *w.* get going (of a cigar, etc.)
Anschaffung *f.* purchase
Anschrift *f.* address
Anstalt *f.* institution, academy
anständig decent, seemly
anstelle instead of
antreten *str.* enter (on), take up
Antrittsbesuch *m.* first official call
anwesend present
Anwesende *pl.* those present
Anzahl *f.* number
anziehen *str.* attract
anziehend attractive
Appetitlosigkeit *f.* loss of appetite
Arbeiterhäuschen *n.* labourer's cottage
Arbeitskraft *f.* power of work
arbeitsreich busy
ärgerlich angry, vexed
ärgern *w.* anger, vex
ärmlich poor, shabby
Art *f.* nature; manner
Atem: in — halten hold breathless, excite
Attentat *n.* attempted assassination
Attentäter *m.* assassin; would-be assassin
aufblicken *w.* look up

Aufenthalt *m.* stay, sojourn
auffassen *w.* conceive, understand
auffordern *w.* request, invite
aufhalten *str.* (*refl.*) reside, stay
aufheben *str.* pick up; save, keep
aufknöpfen *w.* unbutton
auflösen *w.* dissolve
aufmachen *w.* (*refl.*) set out, start
aufnahmefähig receptive, quick
aufrichtig sincere, frank
aufschneiden *str.* cut up, cut open
Aufschwung *m.* growth, advancement
aufstehen *str.* rise, get up
auftauchen *w.* appear
Auftreten *n.* bearing
Augenzeuge *m.* eye witness
Ausbildung *f.* training
ausbleiben *str.* fail to come
Ausdruck *m.* expression
ausführen *w.* carry out
Ausgang *m.* issue, upshot
ausgären *str.* cease to ferment
ausgedehnt extensive
ausgleichen *str.* compensate, balance
ausgleiten *str.* slip
aushalten *str.* stand, endure, suffer; hold out
ausharren *w.* stay on
ausklingen *str.* vibrate into silence
ausnutzen *w.* make use of, exploit
Ausschlag: den — geben *str.* be decisive
ausschlaggebend decisive
äußerst extremely
Äußerung *f.* remark
Aussicht *f.* view; prospect
aussinnen *str.* think out
aussöhnen *w.* (*refl.*) be reconciled
Aussöhnung *f.* reconciliation
aussprechen *str.* (*refl.*) talk unreservedly

Ausstellung f. exhibition
aussuchen w. choose
auszeichnen w. distinguish; decorate, honour
Auszeichnung f. distinction; decoration
Autorität f. authority

Badegesellschaft f. spa society
Bahnfahrt f. train journey
bändigen w. tame
Bankier m. banker
Bart m. beard
Bayern n. Bavaria
Becher m. beaker, goblet, cup
bedauern w. pity; regret
bedeutsam significant, important
Bedrängnis f. dire need
bedrohen w. threaten
Befehlshaber m. commander
befördern w. forward, send off
Beförderung f. advancement, preferment
befragen w. question
befreien w. free, liberate
befriedigen w. satisfy
begabt gifted, talented
begeben str. (refl.) move, go
Begegnung f. meeting
begehen str. celebrate
Begeisterung f. enthusiasm
Begleiter m. companion
begnügen w. (refl.) be satisfied
begrüßen w. greet, welcome
behalten str. keep, retain
Behälter m. container, stand
behandeln w. treat; sich — lassen take treatment, be treated
behaupten w. declare, assert
beherrschen w. control
Beifall m.: brausender — deafening applause
Beiname m. epithet, nickname
beiseiteschieben str. brush aside

beisetzen w. bury
beißen str. bite
bekehren w. convert
beklagen w. deplore, regret
belagern w. besiege
Belagerung f. siege
beleidigen w. offend, insult
belgisch Belgian
Belieben: nach — n. at will
beliebt popular
belustigen w. amuse
bemerken w. observe
benachbart neighbouring
beobachten w. observe, watch; scharf –b keenly observant
berechtigen w. entitle
bereit ready, willing; — halten str. (refl.) hold oneself in readiness, be prepared
bereitwillig willing, unhesitating
berichten w. report, tell
berufen str. nominate, appoint; — (refl.) auf take one's stand on, appeal to
berühren w. touch, affect
beschaffen w. procure
beschäftigen w. occupy, keep busy
Beschießung f. bombardment
Beschluß m. resolution, decision
beschränken w. restrict, limit
beseelt inspired, filled
besiegen w. overcome, conquer
Besitz m. property
Besitzer m. owner
besprechen str. discuss
Besprechung f. discussion, interview
Besserung f. improvement
beständig constant
Bestandteil m. component part, element
bestehen str. pass; — auf insist on

bestrebt trying hard, doing one's best

Bestrebung f. aspiration, desire

besuchen w. visit, go to see; attend

Besuchsreise f. round of visits

betätigen w. (refl.) work, be active

beten w. pray

betrauen w. entrust

betreffend concerning; in question

beunruhigen w. disturb, fill with anxiety

Beurlaubung f. leave of absence

beurteilen w. judge

Bevollmächtigte(r) m. envoy

bewähren w. (refl.) prove, stand the test, make good, win one's spurs

bewährt proved, tested, satisfactory

bewilligen w. grant

bewirten w. entertain

bewundern w. admire

bewußt conscious, deliberate

bezahlen w. pay

bezeugen w. affirm, bear witness; show, prove

Beziehungen f.pl. connections

bilden w.: fein **gebildet** cultured

blaß pale

blitzschnell quick as lightning

blutsverwandt related, kindred, united by ties of blood

Böhmen n. Bohemia

Bote m. messenger

Braten m. roast, joint

Brauen f.pl. brows, eyebrows

Braut f. bride, fiancée

Brautzeit f. engagement, time of waiting

Briefumschlag m. envelope

Briefwechsel m. correspondence

bringen str. bring; publish; mit sich — bring with it, bring about, involve

Bruch m. breach, rupture

Bruderkrieg m. civil war

Bubenfaust f. boy's fist

Bund m. confederation

Bundeskanzler m. federal chancellor

Bundespräsident m. federal president

Bundestag m. federal diet

Bündnis n. alliance

buntbewegt full of varied movement

bürgerlich middle class, not of noble birth

Bürokratie f. bureaucracy

buschig bushy

chemisch chemical

Chinin n. quinine

dabeisein irr. be present; be to the fore

daheim at home

dahinziehen str. make one's way, progress (along)

Dame f. lady

Dankbarkeit f. gratitude

daransetzen w.: alles — leave no stone unturned

dauernd permanent(ly)

Daumen m. thumb

Degen m. sword

Deichhauptmann m. dyke reeve

demütigen w. humiliate

Depesche f. despatch, telegram

der: find Sie — ? are you he?

derart so much, in such a manner

derb blunt; outspoken, free

dermaßen so extremely

deutschgesinnt with German sympathies

dicht close, thick

Diener *m.* manservant, valet

Dienst *m.* office, service

Diktat *n.* dictation

Ding *n.* thing, matter

Diplomat *m.* diplomat, diplomatist, statesman

Diplomatie *f.* diplomacy

Dogge *f.* mastiff, Great Dane

Dom *m.* cathedral

Dreibund *m.* Triple Alliance

Droschkenkutscher *m.* cabdriver, cabby

Duft *m.* perfume, scent

duften *w.* be scented, smell

duldsam tolerant

durchaus absolutely, fully; at all costs

durchdringen *str.* penetrate

durchführen *w.* carry out

durchleben *w.* live through

durchlöchern *w.* perforate, wear through

Durchschnitt(s) *m.* average

durchsetzen *w.* accomplish, prevail, obtain

durchsuchen *w.* search, go through

dürfen *w.* be allowed, have the privilege

ebenbürtig equal in birth; –e Fürsten *m.pl.* royal peers

ebensosehr just as much

echt real, genuine, true

Edelmann *m.* nobleman

ehemalig former

ehemals formerly, in other days

Ehemann *m.* husband

Ehepaar *n.* married couple, husband and wife

Ehrenamt *n.* honorary post

Ehrendoktor *m.* honorary doctor

ehrenfest honourable, the soul of honour

Ehrengast *m.* guest of honour

ehrgeizig ambitious

ehrlich honest, straightforward

Ehrung *f.* honour, distinction

eigenhändig with one's own hand(s)

eigenmächtig arbitrary, off one's own bat, absolute, independent

Eigenschaft *f.* quality

einberufen *str.* summon, convoke

Eindruck *m.* impression

einerseits on the one hand

Einfluß *m.* influence

eingehend thorough, exhaustive

einig united; — sein be in agreement, understand one another

einigen *w.* (*refl.*) agree

Einkäufe *m.pl.* purchases, shopping

Einmischung *f.* interference

Einnahme *f.* taking, occupation

einnehmen *str.* take up

einräumen *w.* concede, give, grant

einreichen *w.* hand in, send in

einrichten *w.* establish, furnish, organise

Einsamkeit *f.* loneliness

einschließen *str.* shut in, shut up; surround, hem in, encircle

einschränken *w.* restrict

einsegnen *w.* confirm

einseitig one-sided, prejudiced

einsetzen *w.* appoint

einstellen *w.* (*refl.*) focus, take up an attitude; break out, appear

Einstellung *f.* attitude

Eintracht *f.* harmony, unity

eintreffen *str.* arrive, come up

einverleiben *w.* annex, incorporate

einwirken *w.* affect, influence

Einzelfürsten *m.pl.* individual sovereigns

einziehen *str.* enter, make an entry

einzig single
Einzug *m.* entry
eisern *adj.* iron
Eislauf *m.* skating
elend suffering
Elsaß *n.* Alsace
Empfangszimmer *n.* reception room, drawing room
empfindlich sensitive
empört indignant
endgültig final
Engel *m.* angel
entfremden *w.* estrange, alienate
entgegenarbeiten *w.* work for
entgegenkommen *str.* meet halfway
Entgegnung *f.* rejoinder
entgehen *str.* escape
entkommen *str.* escape
entlassen *str.* dismiss
Entlassung *f.* dismissal
entscheidend decisive
entschieden decided(ly)
entschlafen *str.* pass away, die
entschließen *str.* (*refl.*) decide, make up one's mind
entschlossen resolute
Entschluß *m.* resolve, determination, decision
entschuldigen *w.* (*refl.*) apologise
Entschuldigung *f.* apology
entstehen *str.* arise, take place, occur; go forth, be created
enttäuschen disappoint
Erbe *m.* heir
erben *w.* inherit
erbitten *str.* ask for, request
erbittert bitter, embittered; implacable
erblich hereditary
Erde: Stück — piece of ground; spot on earth
Ereignis *n.* event
Erfolg *m.* success; result, effect

erfreulich: wenig — unsatisfactory
erfreut delighted
erfüllen *w.* fulfil, carry out
Ergebenheit *f.* devotion
ergreifen *str.* seize
ergreifend impressive, gripping, moving
erhalten *str.* get, receive; maintain
erheben *str.* raise; levy
erinnern *w.* remind
Erinnerung *f.* remembrance; reminiscence
Erinnerungen *f.pl.* memoirs
Erkenntnis *f.* recognition
erklären *w.* explain, declare
erklingen *str.* ring out, resound, echo
Erlaubnis *f.* permission
erliegen *str.* succomb
erlösen *w.* release, deliver
ernennen *str.* appoint, nominate, confer, create
Ernennung *f.* appointment, nomination
Ernst *m.* gravity; allen —es in earnest, seriously
Erquickung *f.* refreshment
erregen *w.* excite, cause
erreichen *w.* reach, obtain
Erscheinung *f.* appearance, aspect, bearing; vision; phenomenon
erschöpfen *w.* exhaust, wear out
erschüttern *w.* stir, move, shake, trouble
ersetzen *w.* replace
Ersparnis *f.* economy
Erstaunen *n.* astonishment
erster: — Güte *f.* of the first order, absolute
ertrinken *str.* drown
erweitern *w.* widen, expand, enlarge

erwidern w. reply, rejoin
erwünscht desired
erzeugen w. breed, bring forth, induce
erziehen str. educate, bring up
Erziehung f. education
Erziehungsanstalt f. educational institution, school
Essen n. eating, food, meal, party
Esser m.: ein starker — a big eater
Estrade f. dais, platform
Ewigkeit f. eternity
Examen n. examination
Exzellenz f. Excellency

fabelhaft fabulous, marvellous, extraordinary
Fahne f. flag
Fakultät f. faculty
Falte f. fold, line
Familienleben n. family life
Fanatiker m. fanatic
faulenzen w. idle, waste one's time
fechten str. fence, fight
fegen w. sweep
fehlen w. miss, lack; be absent
Feier f. ceremony; feast, festival
feierlich solemn
feiern w. celebrate; make merry
Feind(in) m.f. enemy
Feinheit f. subtlety
Feldmarschall m. Field Marshal
Feldzug m. campaign
fernhalten str. keep at a distance, keep away
fertig: — werden str. manage, get on
festhalten str. hold fast, grip; detain
festlich festive
Festung f. fortress, citadel, fortified town
Feuerlinie f. firing line

Fieber n.: das kalte — intermittent fever, ague
Fleiß m. industry, diligence
fließend flowing, fluent
Flotte f. fleet
Flucht f. flight
flüchten w. flee
Flüchtling m. fugitive, refugee
fordern w. demand; challenge
fördern w. further, advance
fortan henceforth, thenceforth
fortschrittlich progressive
Fragende(r) m.f. questioner
Franzosenkaiser m. French Emperor
Freigeist m. freethinker
Freiherr m. baron
freilich indeed
fremd foreign, alien
Friedensvertrag m. peace treaty
friedlich peaceful
Fritz m. (name) Fred
Frömmigkeit f. piety
Frühstück n.: zweites — midmorning lunch
Fuchs m. fox; chestnut horse
fügen w. (refl.) submit
Fühlung f. touch, contact
führen w. lead, take; carry on
Führung f. leadership
fürsorglich thoughtful, considerate
Fürst m. prince, sovereign
Fürstenstand m. peerage; prince's rank
Fürstin f. princess
Fürstlichkeiten f.pl. royal personages, royalties

Gabe f. gift
Gang m. course, way
Gänsefeder f. quill
ganz entire, quite, the whole of
garnichts nothing at all

gaſtlich hospitable

Geburtstag m. birthday

gedenken str. think, expect; remember

gediegen sterling

gefahrvoll full of danger, exposed

Gefangenſchaft f. captivity

Gefängnis n. prison

Gegend f. neighbourhood, countryside, district, part

gegenüber opposite, face to face

Gegner m. opponent, enemy

Gehege: ins — kommen str. queer someone's pitch, put a spoke in someone's wheel

Geheimnis n. secret

Gehen n. going, departure

gehen str.: in ſich — face the truth about oneself

Geiſteszuſtand m. mental condition

geiſtig intellectual

geiſtreich witty

gekleidet dressed, clad

gekränkt hurt

Gelächter n. laughter

Geländer n. railing, parapet

Geldſtrafe f. fine

Gelegenheit f. opportunity; occasion

geliebt beloved

geloben w. promise, pledge, vow

gelten str.: es gilt it is necessary (to); it is a question (of)

gemeinnützig for the public welfare, philanthropic

gemeinſam mutual, common; together, all together

Gemiſch n. mixture, medley

Gemüſe n. vegetable(s)

genehmigen w. grant, accept

Generalmajor m. Major-General

geneſen str. recover, get well

Genie n. genius

genießen str. enjoy

Genießen n. enjoyment, pleasure

genügend sufficient

gerade straightforward, honest

Gerät n. tool, implement

Gerichtsrat m. counsellor (like English K.C.)

gerngeſehen welcome, popular

geſamt whole

Geſandte(r) m. ambassador

Geſchäftsmann m. business man

geſchickt skilful, able

geſellig sociable

Geſelligkeit f. social intercourse

Geſellſchaft f. society; party

geſellſchaftlich social

Geſetzgebung f. legislation

Geſichtsausdruck m. expression (of face)

Geſinnung f. mode of thought, feeling, outlook

geſpannt with deep interest, with suspense

Geſtalt f. form, figure, body

geſtalten w. form, make

geſtehen str. confess, own, admit

geſund healthy, well

Geſundheitszuſtand m. state of health

getreu faithful, trusty, true

getreulich faithfully

gewaltig mighty, strong, violent, powerful

Gewalttat m. act of violence

gewiſſenhaft conscientious

Gewohnheit f. habit

glänzend brilliant

gleichgeſinnt kindred, of the same stamp

gleichgültig indifferent

gleichmütig cool, imperturbable

gleichzeitig at the same time, simultaneous(ly)

Glocke f. bell
glücklicherweise fortunately
glühen w. glow
Grabkapelle f. memorial chapel
greis aged, whitehaired
Greis m. old man
Grenze f. limit, boundary, frontier
grimmig grim
grob coarse, rude
Groll m. rancour
Großherzog m. Grand Duke
Großmacht f. great power
Großstadt f. city
grübeln w. brood
Grund: — und Boden land
gründlich thorough
Grundsatz m. principle
Grundzug m. fundamental trait
Gut n. property, estate
gütig kind
gutmütig goodnatured, easygoing
Gutsarbeit f. work on an estate, farm work
Gutsbesitzer m. landed proprietor, country gentleman
Gutsherr m. landed proprietor, lord of the manor, squire
Gymnasium n. grammar school

Haarwuchs m. growth of hair, hair
Halbjahr n. term (university or school: two a year in Germany)
Halsbinde f. tie; neckkerchief
Halse: am — haben be saddled with
Halskrebs m. cancer of the throat
Handtuch n. towel
hängen: — an str. be devoted to
Härte f. harshness, cruelty
Harzreise f. journey to the Harz Mountains
Haß m. hatred
Hauch m. breath

Haupt= chief
Haupthilfe f. chief aid
Hauptquartier n. headquarters
Hauptstadt f. capital
hausbacken stick-in-the-mud, tedious
Haushaltsgegenstände m.pl. household requisites
Hausherr m. master of the house
Hausrock m. house coat
Heer n. army
Heeresreform f. army reform
hegen w. cherish; feel
heil! hail!
heilsam wholesome, healthy
heimführen w. lead to the altar, marry
heimisch home, at home
heimkehren w. return home, go home
Heirat f. marriage
heiß hot; tiring
heißen str. be called; bid
Heißsporn m. hotspur
heißt: es — they say
Heiterkeit f. merriment, amusement
heldenhaft heroic
hell light; loud
Helm m. helmet
Hemdsärmel m. shirt sleeve
hemmen w. check, stop
herankommen str. approach, draw near, come
herbeiführen w. bring about
Herde f. herd
Hering m. herring
Herrenhaus n. upper house, House of Lords
herrisch masterful, imperious
Herrschaft f. rule, power
herrschsüchtig domineering
herstellen w. renew, restore
herüber over, across

hervorbliden w. look out, look forth

hervorragen w. tower, stand out

Herzen: feinem — folgen w. follow the dictates of one's own heart

herzlich hearty, cordial, affectionate

Herzog m. duke

Herzogtum n. duchy

Hieb m. stroke, cut

hineinschleichen str. creep in

hinten behind

Hintertür f. back door

hin und her to and fro, backwards and forwards

hin und wieder now and again, now and then

hinzufügen w. add

hoch high, exalted

hochaufgerichtet very erect

hochbegabt highly gifted

hochbringen str. work up

Hochdeutsch n. High German (literary German)

hochnäsig haughty

hochstehend distinguished

höchstens at most

Hochverräter m. one guilty of high treason, traitor

Hochzeit f. wedding

höflich courteous, polite

Hofmann m. courtier

Höhe: in die — bringen str. work up

hören w.: auf den Namen — answer to the name of

Horizont m. horizon; interests

Höschen: die ersten —tragen str. be breeched, wear boys' clothing

hüllen w. wrap, envelop, wreathe

Humor m. sense of humour; humour, wit

humorvoll humorous

Hüne m. giant

hünenhaft gigantic, colossal

hüten w. take care of, guard

Industrie f. industry, manufactures

Inhaltsverzeichnis n. table of contents

innehaben irr. occupy

innerlich inward(ly)

innig close; tender

Inschrift f. inscription

inspirieren w. inspire

inständig fervent

intim intimate

intrigieren w. intrigue

inzwischen in the meantime

irgendwie somehow, anyhow, in any way

ironisch ironical

Jagd: auf — gehen go hunting (or shooting)

Jahr: das — drauf (darauf) the following year; mit...-en ... years old, at the age of...; vor -en years ago; vor...-en ...years ago

Jahrhundert n. century

...jährig ...years old; dreißigjährig thirty years old

jährlich annual; every year

Jahrzehnt n. decade, ten years

Johanna f. (name) Jane, Joan

jubeln w. rejoice loudly, cheer

Junker m. lord of the manor, knight

Jurastudium n. study of law

juristisch legal, law

Kahn m. boat, barge

Kaiser m. emperor

Kaiserin f. empress

Kaiserkrone f. imperial crown

Kaiſerreich *n.* empire

Kaiſerwürde *f.* imperial dignity, imperial rank

kaltgeſtellt put on ice, put in cold storage; cold-shouldered

Kamerad *m.* comrade, friend

Kammer *f.* chamber

kampfbereit ready for the fray

Kämpfer *m.* fighter, warrior

Kanonendonner *m.* booming of cannon

Kanonenſtiefel *m.pl.* top boots

Kanzler *m.* chancellor

kapitulieren *w.* capitulate, surrender

Käſe *m.* cheese

Kauf *m.* purchase

Kavalier *m.* cavalier, squire of dames

kennenlernen *w.* make the acquaintance of

Kerl *m.* fellow, chap

Kern *m.* kernel, foundation

Kette *f.* chain; an der — chained

Kiefer *m.* jaw

kinderlos childless

Kindheitsparadies *n.* childhood's paradise

Kleidung *f.* clothing

Kleine(r) *m.f.* little one, child

klettern *w.* climb

Klinge *f.* blade; rapier

Knirps *m.* toddler, small child

knurren *w.* growl

Kolleg *n.* university classes or lectures

Kollege *m.* colleague

Kolonialmacht *f.* colonial power

Konflikt *m.* conflict, struggle

Königin *f.* queen

königlich royal

Königreich *n.* kingdom

Königshaus *n.* royal family

Königspaar king and queen

Königstochter *f.* princess (daughter of a king or queen)

königstreu loyal (to one's sovereign)

Kopf: vor den — ſtoßen *str.* be up against, offend

kordial cordial, jolly

Körperkraft *f.* physical strength

körperlich bodily, physical

korrekt correct, prescribed

koſtbar precious

köſtlich delicious, exquisite

Kräften: nach — as much as possible, to the best of one's ability

kräftig strong, vigorous, powerful

kräftigen *w.* strengthen

kraftvoll virile, full of strength

Kragen *m.* collar

Kramladen *m.* general shop; small grocer's

Krankenlager *n.* sickbed

Krankheit *f.* sickness, illness, disease

Krebs *m.*, Krebsleiden *n.* cancer

Kriegsbeginn *m.* beginning of a (the) war

Kriegsentſchädigung *f.* indemnity

Kriegsfreiwillige *m.* volunteer

Kriegsgewalt *f.* military authority

Kriegsherr: oberſte — head of the army

Kriegsminiſter *m.* minister of war

Kriſe *f.* crisis

krönen *w.* crown

Kronprinz *m.* Crown Prince

Krönung *f.* coronation

Kultur *f.* culture, civilisation

Kummer *m.* grief, sorrow

Küraſſierregiment *n.* regiment of curassiers

Kuraufenthalt *m.* stay at a spa
Kurfürst *m.* elector
kurgemäß good for the health; what a spa doctor would prescribe
Kurs *m.* course
kurz short; for a short time

Lächeln *n.* smile
lagern *w.* lie on the ground
lakonisch laconic, brief, terse
Landjunker *m.* landed proprietor, squire
Landleben *n.* country life
ländlich rural, country
Landtag *m.* local parliament
Landwehr *f.* militia
Landwirt *m.* farmer
landwirtschaftlich agricultural
längstvergangen long past
langweilig dull
Lappen *m.* scrap of material, patch
lässig languid, drawling
Laufbahn *f.* career
Laune *f.* temper; schlecht gelaunt in a bad temper
laut according to
Lebensbild *n.* biographical sketch, biography
Lebensfreude *f.* joy of life, enjoyment of life
Lebensgefährte(-tin) *m.f.* life companion
Lebensmittel *n.pl.* provisions
lebensvoll full of life, living, true to life
Lebensweg *m.* road of life, life; mit auf den — geben give for the future; give as a guide for one's future life
Lebensweise *f.* mode of life
lebhaft spirited, quick, lively, impulsive
leeren *w.* empty, drain

Lehnstuhl *m.* armchair
Lehrplan *m.* curriculum
Leiden *n.* suffering; illness, disease
leidend suffering; in bad health
leidenschaftlich passionate
leistungsfähig active and efficient
Leitartikel *m.* newspaper leader
leiten *w.* conduct
Leitstern *m.* lodestar, guide
lenken *w.* guide, steer
Leute *pl.* people; hands, staff
leutselig genial
Licht: das — der Welt erblicken *w.* be born
liebenswert lovable
liebenswürdig amiable, pleasant
Liebenswürdigkeit *f.* amiability, kindness
Liebesbecher *m.* loving cup
Liebling *m.* favourite, darling
liegen *str.:* auf der Hand — be obvious
Loch *n.* hole
lösen *w.* loosen, unfasten
Lothringen *n.* Lorraine
Lump *m.* scoundrel, rotter
lustig merry; amusing

Maas *f.* Meuse (river)
mächtig mighty, strong, powerful
Magnetiseur *m.* mesmeriser
mahnen *w.* warn
Majestät *f.* majesty
Mark *f.* border country, marches; — Brandenburg Electorate of Brandenburg
Markgraf *m.* margrave
Marktplatz *m.* market place, market square
Marsch *m.* march
mäßigen *w.* moderate
Matratze *f.* mattress

Maulkorb: einen — anlegen *w.* muzzle

Mehrheit *f.* majority

mehrtägig of many days

Meilenstein *m.* milestone

meistens mostly, in general

Meisterstück *n.* masterpiece

Mensch *m.* man, person, human being

Menschenalter *n.* generation

Menschenleben *n.* man's life, human life

menschlich human

Mensur *f.* student's duel

merkwürdig remarkable; das Allermerkwürdigste the most remarkable thing

messen *str.* measure

Mieter *m.* lodger, tenant

mildern *w.* soften

militärisches Dienstjahr *n.* year of military service

Militärmacht *f.* military power

Minister des Äußern *m.* minister of foreign affairs

Ministerium *n.* ministry

Ministerpräsident prime minister

mißbrauchen *w.* abuse

mißlingen *str.* fail

Mißverstandensein *n.* misunderstanding, misconception, misjudgment

Mitgefühl *n.* sympathy

mitgehen *str.* join in, combine

mitmachen *w.* take part in

Mittagessen *n.* midday meal, dinner

Mitteilung *f.* communication

Mittel *n.pl.* means

mittlerweile in the meantime, meanwhile

mitunter now and then

Mitwirkung *f.* co-operation, collaboration

Möglichkeit *f.* possibility

Mohrrübe *f.* carrot

monatelang for months

Moritz *m.* (name) Maurice

mundfaul taciturn, silent

mürrisch cross, sulky

Muskete *f.* musket

Musterknabe *m.* model boy

mutlos cowardly, weak

nach und nach by degrees

nachahmen *w.* imitate, copy

Nachbarland *n.* neighbouring country

nachgeben *str.* give way, yield

nachstehen *str.* be inferior to, rank lower than

Nachwelt *f.* posterity

Nacken *m.* neck; im — sitzen *str.* to be in one's bones

nahe near, nearby, neighbouring

Nähe *f.* vicinity, neighbourhood

näherkommen *str. refl.* become closer friends

näherstehend more or less intimate

nahestehen *str.* be very dear

nahestehend intimate

Narbe *f.* scar

Nationalheld *m.* national hero

Nationalversammlung *f.* National Assembly

Neid *m.* envy, grudge

Neigung *f.* taste, inclination

neugierig curious, inquisitive

Neujahr *n.* New Year

Neuorganisation *f.* reorganisation

nichts zu bedeuten of no consequence, not serious

Norddeutsche Bund *m.* North German Confederation

nordisch Nordic

nördlich northern, northwards, to the north

Nutzen *m.* use, advantage

oberſte highest, supreme

offen bekunden w. show clearly, reveal; — bekundet evident

Offenheit f. outspokenness, frankness, candour

Öffentlichkeit: in die (der) — before the public, in the public eye

ohnehin in any case

Orden n. order, decoration

organiſatoriſch organising

Öſterreich n. Austria

öſterreichiſch Austrian

packen w. seize, grasp

packend gripping, thrilling

Pädagog m. pedagogue, educationalist

Papſt m. pope

Parkettfußboden m. parqueted floor

paſſen (zu) w. harmonise (with)

Paulus m. (name) Paul

perſönlich personal

Perſönlichkeit f. personality

Petersburg St. Petersburg (Leningrad)

Pfarrer m. pastor, clergyman

Pfeife f. pipe

pflichttreu true to duty, conscientious

Pflichtvergeſſenheit f. neglect of duty

Pfund n. pound

Pfütze f. puddle

Philoſoph m. philosopher

Philoſophie f. philosophy

Pietiſt m. pietist, methodist

pietiſtiſch pietistic

Piſtole f. pistol

Piſtolenſchuß m. pistol shot

planen w. plan

planmäßig systematic

Plattdeutſch n. Low German (dialect)

Polizei f. police

Pommern n. Pomerania

pommerſch Pomeranian

Poſten: auf dem — at one's post, on the alert

Poſtkutſche f. mail coach, post-chaise

Prachtſtraße f. show street, boulevard, avenue

Prahlerei f. boast, bragging

Prahlhans m. braggart

praktiſch practical

Pranger: an den — ſtellen w. put in the pillory; hold up to scorn and derision

Preisgabe f. betrayal, revelation

Premierminiſter m. prime minister

Preußen n. Prussia

preußenfeindlich hostile to Prussia and the Prussians

Preußenkönig m. king of Prussia

preußiſch Prussian

qualvoll torturing

rächen w. (refl.) take revenge, revenge oneself

Rang m. rank

Ränke f. pl. intrigue(s)

raſtlos unresting, untiring, indefatigable

ratſam advisable

Rätſel n. riddle, mystery, enigma

rätſelhaft enigmatic

rauh rough

räumen w.: das Feld — retire, admit defeat

Rechnung: -en führen w. keep accounts

Recht: mit — rightly; ſo — really, absolutely; nach dem -en ſehen str. see that everything is in order

rechtzeitig in time
redselig talkative
regelmäſſig regular
Regentſchaft f. regency
regieren w. rule, reign, govern
Regierungsantritt m. accession
reichen w. (trans.) offer, hand;
(intrans.) reach, stretch
Reichskanzler m. Imperial Chancellor
Reine: ins — bringen str. arrange,
come to a settlement
Reiſekaiſer m. travelling emperor
reiſen w. travel
Reitknecht m. groom, cavalry
orderly
Reizbarkeit f. irritability
Religionsſachen f.pl. religious
matters
religiös religious
restlos absolutely, completely
Rettung f. rescue; salvation
Rettungsmedaille f. life-saving
medal
Richter m. judge
Richtung f. direction
riechen str. smell
rieſig colossal, enormous
ringsherum all round
Rippe f. rib
Riß m. tear, crack, breach
Ritt m. ride
Rock m. coat; tunic
Rolle f. role, part
Rollſtuhl m. bath chair
römiſch roman
rotbäckig rosy-cheeked
rotblond reddish fair, auburn
rufen str. call, cry
Ruhe: zur — kommen str. calm
down, be at peace
Ruhepauſe f. interval of rest
Ruheſtätte f. resting place

rühren w. move, stir, affect;
gerührt with deep emotion
Runzel f. wrinkle
ruſſiſch Russian
Rußland Russia

Säbel m. sword
Sache f. thing, object, affair,
cause; ſeine — his business; to
his taste; ſich einer — anneh=
men str. espouse a cause; take
up the cudgels for something or
someone
Sachſen n. Saxony
Sachſenwald (der) m. the Saxon
Forest
ſächſiſch Saxon, of Saxony
Salz n. salt
ſanft gentle; peaceful
Sarkophag m. sarcophagus, cof-
fin
ſchaffen str. create
Schaffen n. creation
Schale f. shell, rind, outer
covering
Scharen f.pl.: in hellen — in
crowds
Scharfrichter m. executioner
ſcharfſinnig perspicacious
ſchauen w.: ſich Auge in Auge —
look straight into each other's
eyes
Scherz m. joke, jest
ſcherzen w. joke, jest
Schickſal n. destiny, fate
ſchier (adv.) almost, really
ſchildern w. describe
Schlacht f. battle
ſchlafen str. sleep
ſchlafengehen str. go to bed
Schlafloſigkeit f. loss of sleep,
insomnia
Schlafrock m. dressing gown
ſchlagen str. beat, defeat

ſchlau astute, cunning
ſchlecht bad
ſchleudern w. fling
ſchlicht simple, unassuming
Schlichtheit f. simplicity
ſchließen str. close, conclude
ſchließlich finally, at last
Schlitten m. sleigh, sledge
Schloß n. castle, palace
ſchluden w. swallow, eat
ſchlüpfrig slippery
Schluß m. end, conclusion
ſchmeden w. taste
Schmerz m. pain, sorrow
ſchmerzhaft painful
ſchmerzlich painful
Schmied m. smith, founder
ſchmud smart, neat, pretty
ſchmüden w. adorn, decorate
ſchmunzeln w. smile to oneself,
  laugh inwardly
ſchneidern make (by a tailor)
ſchneidig smart, elegant, dashing
Scholle f. clod of earth, land
ſchonen w. take care of, protect
ſchonend gently and carefully
Schreibſachen f.pl. stationery
Schreibtiſch m. desk, writing table
ſchreiten str. stride, stalk
ſchriftlich written, in writing
ſchriftſtelleriſch literary
Schritt: den — hemmen w.
  slacken one's pace
ſchroff brusque, abrupt, harsh
Schroffheit f. asperity
Schuld f. fault, debt; -en machen
  get into debt
ſchuldig guilty; due
Schuljahre n.pl. schooldays
Schulter f. shoulder
Schurke m. rogue
Schutzdamm m. dyke
Schwäche f. weakness; failing
ſchwächlich weakly

ſchwanken w. stagger; vacillate,
  hesitate
ſchwänzen w. play truant, miss
ſchweigen str. cease speaking, be
  silent; zum Schweigen bringen
  str. silence
Schwelle f. threshold
ſchwer heavy; hard, difficult;
  serious
ſchwerhalten str. be difficult, be
  hard to obtain
ſchwermütig melancholy
Schwiegerſohn m. son-in-law
ſchwierig difficult
Schwierigkeit f. difficulty
Sehnſucht f. longing
Seife f. soap
Seineſtadt f. city on the river
  Seine
Seite f. side, aspect; hilfreich zur
  — ſtehen str. support ably;
  zur — ſtehen str. stand by,
  support
Sekretär m. secretary
Sekt m. champagne
ſelbſtverſtändlich: es iſt — daß it
  goes without saying that
ſeltſam strange, bizarre, extraordinary
Sendung f. consignment, parcel
ſichtbar visible
ſichtlich visible
ſiebzig seventy
Siegerkranz m. victor's laurel
  wreath
Siegerſtaat m. victorious state
Siegeseinzug m. triumphal entry
Siegesruhe f. repose after victory
ſiegreich victorious
ſinnend thoughtful
ſitzen str. sit; be established
ſitzend sedentary
ſoeben just
ſogenannt so-called

solange as long as
Soldatenleben *n.* military life
solide sterling, steady
sommersprossig freckled
sonderbar curious, extraordinary
Sonne: von der — verbrannt sunburnt
Sonntagsheiligung *f.* observance of the Sabbath
Sorge *f.* care, anxiety; — tragen *str.* be responsible; dafür sorgen *w.* take care
sorglos carefree, lighthearted
sorgsam careful
Sorte *f.* sort, kind
sozial social
Sozialist *m.* socialist
spartanisch Spartan
später later, later on
spazierenfahren *str.* take out; drive out
Spiegelsaal *m.* Hall of Mirrors
Spiel: auf dem —e stehen *str.* be in the balance, be at stake
spielen *w.* play, act
Spion *m.* spy
Spott *m.* mockery, derision, sarcasm
spottweise mockingly
Sprachgewandtheit *f.* gift of facile speech
Spruch *m.* saying, maxim; text
Spur *f.* trace, vestige, track
Staatsbeamte(r) *m.* state official, civil servant
Staatsdienst *m.* service of the state, civil service
Staatsgeschäfte *n.pl.* business of the state
Staatshaushalt *m.* government budget
Staatskunst *f.* statecraft
Staatsmann *m.* statesman, politician

Staatspflicht *f.* duty to the state
Staatsschiff *n.* ship of state
Stachel *m.* prick, sting
Stahl *m.* steel
stählen *w.* steel, brace
Stahlhelm *m.* steel helmet
Stammbaum *m.* genealogical tree; genealogy
Stammsitz *m.* ancestral home
Standesgenossen *m.pl.* people of one's own class
ständig constant(ly)
stark (*adv.*) extremely, very much
stecken *w.* exist
stehen *str.* stand; be on ... terms; be on a ... footing; — zu be on the side of
steif stiff
sterben *str.:* klein — die in infancy
Steuer *f.* tax
Stich: im —e lassen *str.* leave in the lurch
Stiefel *m.* boot
Stille *f.* quiet, seclusion
stolz proud; — auf proud of
stoßen zu join
Strapaze(n) *f.(pl.)* fatigue
Straßenanzug *m.* outdoor things, outdoor garb
Straßenpflaster *n.* pavement, paving
Streich *m.* prank
Stroh *n.* straw
Strom *m.:* ein reißender — a roaring torrent
Strömung *f.* current
struppig unkempt
Studentenzeit *f.* student days
stumm dumb, silent
Sturm und Drang *m.* storm and stress
stürmisch stormy

stürzen *w.*, umstürzen *w.* overturn

Suchende *m.* seeker

süddeutsch South German

tadellos perfect

Tafel *f.* dining table; bei der — at table

tagen *w.* sit

Tagespresse *f.* daily newspapers

Taler *m.* dollar (three marks)

Talglicht *n.* tallow candle

tapfer brave

Taschenmesser *n.* pocket knife

tätig active

Tätigkeit *f.* activity

täuschen *w.* deceive; sich über etwas hinwegtäuschen *w.* pretend something does not exist, get over something

Teil *m.*: zum großen –e in a great measure, largely

Teilnahme *f.* participation; sympathy

teilnehmen *str.* participate

Thronerbe *m.* heir apparent

tieftraurig deeply grieved

Tintenfaß *n.* inkstand

Tintenlexerei *f.* waste of ink and paper, unnecessary pedantry, red tape

Tintenlexertum *n.* swotting

Titan *m.* Titan, man of outstanding greatness

Todesstrafe *f.* capital punishment

toll mad, crazy

Ton *m.* sound, note, tone

Tor *n.* gate

Tornister *m.* knapsack

totkrank sick unto death, dying

trauen *w.* trust

Trauerfeier *f.* funeral

treffend appropriate

treiben *str.* drive, impel

Trennung *f.* separation

treten in *str.* step in, enter

Treue *f.* faith, constancy, fidelity

trinkfest able to carry one's liquor well

Trost *m.* comfort, consolation

Truppe(n) *f.(pl.)* troop(s)

tüchtig efficient

Tunichtgut *m.* good-for-nothing

turnen *w.* do gymnastics

Überblick *m.* survey

Übereinstimmung *f.* agreement, accord

Überfahrt *f.* crossing

Übergabe *f.* surrender, capitulation

übergehen *str.* pass over, exclude

Übergehung *f.* exclusion

überhäufen *w.* overwhelm

überlassen *str.* give up to, cede, surrender

überlegen (*adj.*) superior

überlegen *w.*: reiflich — think over carefully, consider

übermenschlich superhuman

übermütig highspirited

übernehmen *str.* take over

überreden *w.* persuade

Überschwemmung *f.* flood(s)

übersiedeln *w.* move, take up one's abode, settle

überzeugen *w.* (*refl.*) assure oneself, make sure

übrig over, left; es blieb nichts anderes — nothing else could be done, the only thing possible was

Übungen *f.pl.* exercises; manœuvres

Uhlan *m.* lancer

umarmen *w.* embrace

umfassen w. comprise, embrace

Umgebung f. surroundings

Umschlag m. envelope

umstürzen w. overturn

umzingeln w. surround, close in on

Unabhängigkeit f. independence

unbelauscht without listeners

unbemerkt unobserved, unseen

unberechenbar irresponsible, irresolute

unbesorgt unconcerned, not anxious

unbestimmt uncertain, indefinite

unendlich infinite

unentwegt undeterred, steadfast

unerhört unheard-of

unermüdlich indefatigable, unceasing

unerschrocken fearless

unersetzlich indispensable, irreparable, irretrievable

unerwartet unexpected(ly)

ungebunden unconventional, free

ungefrühstückt not having breakfasted

ungern unwillingly, reluctantly

ungestört undisturbed

ungeteilt: auf ewig — for ever undivided, united for all time

ungewaschen unwashed

ungünstig unfavourable

unheilbar incurable

Universität f. university

unruhig restless

Unsicherheit f. uncertainty

Unstimmigkeit f. disagreement

unterbrechen str. interrupt

unterdrücken w. suppress; oppress

untergehen str. go under, perish

unterhalten str. keep up, maintain

unterhalten str. (refl.) talk, chat, carry on a conversation

Unterhaltung f. talk, conversation

unterlassen str. omit; leave off

unterliegen str. succumb; be defeated

unternehmen str. undertake

unterschätzen w. undervalue, underestimate

unterstützen w. support

untersuchen w. examine, investigate

Untertan m. subject

unterwegs on the way

unterzeichnen w. sign

unumschränkt unrestricted, unrestrained, absolute

ununterbrochen uninterrupted, continuous

unverbrüchlich inviolable

unvergänglich everlasting

unverschämt insolent, cheeky

unversehens inadvertently, unexpectedly, suddenly

unversöhnlich irreconcilable, implacable

unverwundbar invulnerable

unwürdig unworthy

Unzufriedenheit f. dissatisfaction, discontent

Urkunde f. document

Urlaub m. leave

Urzeit f. mythical or prehistoric age

Vaterhaus n. father's house, home

Vaterland n. country

Vaterlandsliebe f. love of country, patriotism

väterlicherseits on the father's side

Venetien n. Venetia

verachten w. despise

Verachtung f. contempt

verantwortlich responsible

Verantwortung f. responsibility
verbinden str. unite
verblüffen w. astound
verbluten w. bleed to death
Verbündete(r) m. ally
verdanken w. owe
verehren w. revere
Verehrung f. veneration
Verein m. society
vereinigen w. unite
Verfahren n. method, proceeding
Verfassung f. constitution
verfluchen w. curse
verfolgen w. follow, take note of
Vergangenheit f. past
vergeblich vain
vergnügt cheerful, merry
vergöttern w. worship, adore
Verhältnisse n.pl. conditions, surroundings
verhandeln w. negotiate
verhängnisvoll fatal
verhaßt hated, obnoxious
verheiraten w. (refl.) marry
Verkäufer m. salesman, shopkeeper, shop assistant
verkehren w. associate, visit, frequent
Verkleidung f. disguise
verlegen sein (um) be at a loss (for)
verleihen str. bestow
verlesen str. read aloud
verloben w. (refl.) become engaged to be married
verloddern w. come down, be demoralised; go to rack and ruin
Verlust m. loss, casualty
vermeiden str. avoid
vermissen w. miss
vernachlässigen w. neglect
verpachten w. let

Verpflichtung f. obligation
verrechnen w. miscalculate
verrückt crazy, mad
versammeln w. (refl.) assemble
Versäumte: das — nachholen w. make up for lost time
verscherzen w. forfeit, lose through one's own fault
Verschiedenheit f. difference, diversity
verschließen str. close, fasten, lock up, secure
verschlimmern w. (refl.) grow worse
verschlossen reserved
verschreiben str. prescribe
verschuldet in debt; mortgaged
versehen str. supply
verspotten w. make fun of
Verständnis n. understanding, sympathy
verstärken w. strengthen
Verstärkung f. strengthening; reinforcement(s)
verstehen str.: sich auf etwas — be good at something
verstohlen secret, in secret
verstorben dead, deceased
verstoßen str. offend, be contrary to
vertragen str. stand
vertrauen w. confide
vertrauenerweckend inspiring confidence
vertraut familiar; confidential
verwalten w. manage, administrate
verweigern w. refuse
verweilen w. linger
verwickeln w. involve
verwunden w. hurt, wound
Verwundung f. wound, injury
verzärteln w. coddle, pamper
verzichten w. renounce, give up

verzweifelt desperate

Besper *f.* vespers; afternoon or evening meal

Bogelperspektive *f.* bird's eye view

Bolksfeind *m.* enemy of the people

voll und ganz completely, unreservedly

vollbringen *str.* achieve

vollendet perfect

vorausgehen *str.* go before, precede; im Tode — die before, predecease

vorbereiten *w.* prepare, get ready

vordeklamieren *w.* recite aloud

Borfahren *m.pl.* ancestors

Borfriede *m.* preliminary peace

vorgehen *str.* advance, march

Borgesetzte *m.* superior

Borhang *m.* curtain

vorlegen *w.* show

vornehm aristocratic, distinguished

Borrang *m.* precedence, priority; supremacy

vorsichtig careful

Borsitzende *m.* president, chairman

Borsprung *m.* start

vorstehen *str.* preside over

Borstellung *f.* image, conception, idea

vorübergehen *str.* pass

vorwärtskommen *str.* get on

vorwiegend mainly

Borwurf *m.* reproach

vorzüglich excellent

Bachthund *m.* watchdog

Baffenstreckung *f.* laying down of arms, surrender

wahrhaft truly, really

wandern *w.* wander, hike

wankelmütig vacillating, fickle

wanken *w.* totter

warnen *w.* warn

was...nur whatever

wecken *w.* awaken

Beges: seines — gehen *str.* go on, walk along

weh sore, sorrowful, sad at heart

wehmütig wistful, sad

weiblich womanly, feminine

weigern *w.* (*refl.*) refuse

weihen *w.* consecrate, dedicate

weilen *w.* dwell

weise wise

weiterbeißen *str.* go on biting

weiteres: ohne — without further ado, forthwith

weitergehen *str.* go on

Beiterstudium *n.* further study

weitsichtig farsighted

Belthandel *m.* world trade, world commerce

weltlich worldly, temporal

Beltliteratur *f.* world literature

Bendepunkt *m.* turning point

werfen *str.*: die Flinte ins Korn — throw down one's arms, give in

wertvoll valuable

Biderstand *m.* opposition, resistance

widerstehen *str.* oppose, resist, withstand

Bien *n.* Vienna

Biese *f.* meadow

Bildheit *f.* wildness, turbulence

willkommen welcome; — heißen *str.* bid welcome, welcome

winken *w.* wave, beckon; await

Birken *n.* activity

Birren *f.pl.* chaos

Birtschaftsfrage *f.* economic question

wißbegierig eager to learn

Witwer *m.* widower

wogen *w.* surge

Wohlleben *n.* easy life, prosperity

wohlverdient well earned

Wohnung *f.* dwelling, home

wollen *w.* wish, desire

wortlos without words, silently

wunschgemäß according to one's own wishes

Würde *f.* dignity

Würdenträger *m.* dignitary, high official

Wurst *f.* sausage; –waren *f.pl.* various kinds of sausage

wüten *w.* rage

zäh tough

Zar *m.* Czar

Zechgelage *n.* orgy

Zeichen *n.* sign, signal

zeigen auf *w.* point to

Zeiteinteilung *f.* division of time

Zeitereignisse *n.pl.* current events

zeitlebens for life, all one's life

Zeitpunkt *m.* time, moment

Zeittafel *f.* chronological table

zerreißen *str.* tear, tear up

zerschmettern *w.* shatter

zerstreuen *w.* (*refl.*) distract oneself, take one's mind off

zielbewußt purposeful; farsighted

Zigarrenetui *n.* cigar case

Zivil *n.* mufti, civilian dress

Zögling *m.* pupil

zubrüllen *w.* roar at, yell at

Zucht *f.* discipline

Zuchthaus *n.* prison, penal settlement

Zuflucht *f.* refuge

Zug *m.* draught

zugeben *str.* admit, grant, permit

zugehen *str.* go towards, walk towards

zügellos unbridled

zugunsten in favour of

zujubeln *w.* acclaim, cheer

zunächst for the moment, for the time being; first of all

zurückführen *w.* take back; go back

Zurückhaltung *f.* reserve, modesty

zurückkehren *w.* return

zurücktreten *str.* retire, resign

zurückweisen *str.* reject, decline

zurückwerfen *str.* throw back, repulse

zurückziehen *str.* (*refl.*) retire, withdraw

zusagen *w.* suit

zusammenschließen *str.* (*refl.*) unite, combine

zuschneiden *str.* cut to shape, adapt

zusehen *str.* look on

zustandekommen *str.* be carried out, come to pass

zustatten: gut — kommen *str.* do good service, be of great use

zustimmen *w.* assent, agree

Zustimmung *f.* consent, agreement

zuverlässig reliable

zuvor before

zuvorkommen *str.* forestall, anticipate

zuvorkommend courteous, obliging

zwingen *str.* master, force

Zylinder *m.* silk hat, top hat

Printed in the United States
By Bookmasters